Das Alphabet

		名称	音価		
A	a	[aː]	[aː]	[a]	
B	b	[beː]	[b]	[p]	
C	c	[tseː]	[k]		
D	d	[deː]	[d]	[t]	
E	e	[eː]	[eː]	[ɛ]	[ə]
F	f	[ɛf]	[f]		
G	g	[geː]	[g]	[k]	
H	h	[haː]	[h]	[ː]	
I	i	[iː]	[iː]	[i]	[ɪ]
J	j	[jɔt]	[j]		
K	k	[kaː]	[k]		
L	l	[ɛl]	[l]		
M	m	[ɛm]	[m]		
N	n	[ɛn]	[n]		
O	o	[oː]	[oː]	[ɔ]	
P	p	[peː]	[p]		
Q	q	[kuː]	[kv]	(← qu)	
R	r	[ɛr]	[r]		
S	s	[ɛs]	[s]	[z]	
T	t	[teː]	[t]		
U	u	[uː]	[uː]	[ʊ]	
V	v	[faʊ]	[f]	まれに [v]	
W	w	[veː]	[v]		
X	x	[ɪks]	[ks]		
Y	y	[ýpsilɔn]	[yː]	[ʏ]	
Z	z	[tsɛt]	[ts]		
	ß	[ɛstsét]	[s]		

		名称	音価		
Ä	ä	[ɛː]	[ɛː]	[ɛ]	
Ö	ö	[øː]	[øː]	[œ]	
Ü	ü	[yː]	[yː]	[ʏ]	

PRAXIS Deutsch

Asami KODAMA
Shoko MATSUURA
Johanna Spieler-Keil
Hakusui AOJI

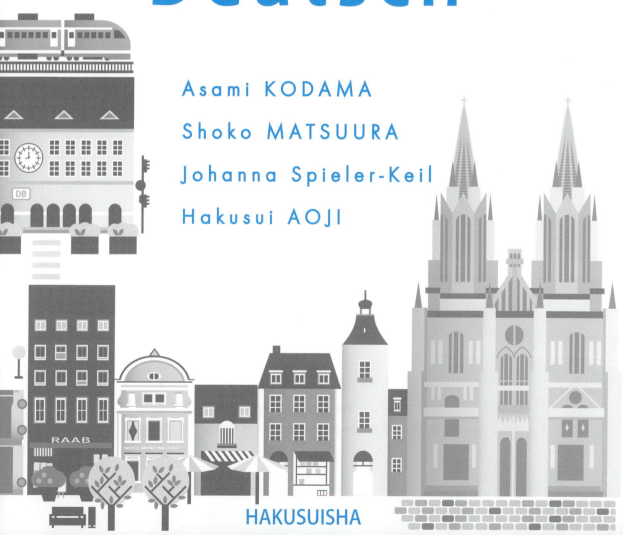

HAKUSUISHA

――― 音声ダウンロード ―――

  この教科書の音源は白水社ホームページ (http://www.hakusuisha.co.jp/download/) からダウンロードすることができます（お問い合わせ先：text@hakusuisha.co.jp）。

吹込者： Anna-Juliane Schulze, David Fujisawa
吹込箇所：文字と発音、Dialog、例文、Szenen、Übung

イラスト（フモフモさん）Ⓒ SHINADA CO.,LTD.
装丁・本文レイアウト・イラスト　多田昭彦

まえがき

　本書は、ドイツ語の日常会話表現を習得し、自然なやりとりができるようになるまでくり返しトレーニングをするための初級会話の教科書です。

　ドイツ語でコミュニケーションをとるための第一歩は、基本的なフレーズをしっかりと暗記して、ヒントを見なくてもそれらを言えるようになることです。本書には、著者一同がドイツで生活した際に覚えておくと便利だと感じた表現を多く盛り込みました。

　各課の構成は次のようになっています。

Dialog 　大学生アンナとフリッツの会話を通じて、それぞれの課の新しい文法事項について学ぶことができます。大学や語学学校でのやり取りなど、学生にとって身近な表現が多く含まれていますので、まずは音声を聴きながらドイツ語のリズムに慣れ、くり返し発音してみましょう。

文法解説 　基本フレーズの暗記はとても効果的ですが、それらを応用するためには文法の知識も欠かせません。文法解説のページでは、各課で新しく習う文法事項を一目で確認できます。

Szenen 　「初対面の人に挨拶する」「昨日のことを話す」といったシチュエーション別の短い対話練習です。部分的に単語を入れ替えて練習することで、表現の幅を広げていけるように工夫しています。

Übung 　丸暗記してすぐに使える簡単フレーズ練習です。「趣味は何ですか？」「昨日何をしましたか？」などの質問にドイツ語で答えられるよう、表現のバリエーションをたくさん用意しました。

文法コラム 　語順や否定詞 nicht の位置など、初学者が悩むことの多い文法事項について解説しています。

　本書の作成にあたって、細かな要望に応えてイラストを描いてくださった多田昭彦さんに大変お世話になりました。著者一同より厚く御礼申し上げます。

2018 年春　著者一同

目次
Inhalt

| はじめに | 3 |

Lektion 0　Alphabet und Aussprache　文字と発音　　6
アルファベートと発音の規則、日常フレーズで発音練習

Lektion 1　Universität　規則動詞の現在人称変化　seinとhaben　　8
Szenen　初対面の人に挨拶する／人を何かに誘う
Übung　自分の専攻を答えてみましょう。　　文法コラム　動詞の語順

Lektion 2　Bibliothek und Mensa　人称代名詞　名詞の性と複数形　冠詞　　12
Szenen　家族を紹介する／感想を伝える
Übung　年齢を答えてみましょう。　　文法コラム　名詞と代名詞の語順

Lektion 3　Regensburg　不規則動詞の現在人称変化　命令形　　16
Szenen　列車の出発時刻を尋ねる／物を借りる
Übung　開始時間を答えてみましょう。　　文法コラム　nichtの位置／Ja-Nein-Doch

Lektion 4　Sprachkurs　定冠詞類　不定冠詞類　疑問代名詞　　20
Szenen　趣味を尋ねる／プレゼントを買う
Übung　お互いの趣味を尋ね合ってみましょう。　　文法コラム　nichtとkeinの使い分け

Lektion 5　Oktoberfest　前置詞　前置詞と定冠詞の融合形　　24
Szenen　どこにあるか尋ねる／どこにいるか伝える
Übung　どこにいるか答えてみましょう。　　文法コラム　動詞以外の順番／不定代名詞

Lektion 6　Liechtenstein　話法の助動詞　未来の助動詞werden　　28
Szenen　許可を求める／レストランで支払いをする
Übung　明日の天気について説明してみましょう。　文法コラム　非人称主語es／müssen／dürfen＋否定詞

単語あれこれ：数詞、四季、月名、曜日／
　　　　　　時刻、料理と飲み物、職業、家族　　32

Lektion 7　Wien　形容詞の格変化　形容詞の名詞化　34

Szenen　意見を言う／人の特徴を説明する

Übung　飲み物を頼んでみましょう。　　　　文法コラム　現在分詞

Lektion 8　Vergangenheit　動詞の過去形　過去形の人称変化　38

Szenen　過去の体験を話す／体調について話す

Übung　行ったことのある場所を答えてみましょう。　文法コラム　序数／回数

Lektion 9　Weihnachten　現在完了形　接続詞　42

Szenen　昨日のことを話す／過去のある時点のことを話す

Übung　昨日したことを答えてみましょう。　　文法コラム　過去完了形／助動詞の完了形

Lektion 10　Berlin　zu不定詞句　分離動詞　非分離動詞　46

Szenen　目的について話す／週末の予定について話す

Übung　時刻を答えてみましょう。　　　　文法コラム　分離・非分離で意味が変わる動詞

Lektion 11　Seminararbeit　再帰動詞　形容詞と副詞の比較変化　50

Szenen　関心について話す／楽しみにしていることについて話す

Übung　楽しみな予定について答えてみましょう。　文法コラム　da／wo＋前置詞

Lektion 12　Wohnung　動作受動　状態受動　54

Szenen　規則について話す／歴史について話す

Übung　営業時間を答えてみましょう。　　文法コラム　過去分詞／esの熟語的用法

Lektion 13　Abschiedsparty　接続法第Ⅰ式　接続法第Ⅱ式　58

Szenen　丁寧に依頼する／ニュースの内容について話す

Übung　明日の天気について説明してみましょう。　文法コラム　外交話法／時を表す副詞的4格

巻末補足：指示代名詞、定関係代名詞、不定関係代名詞、関係副詞
　　　　　名詞の複数形パターン、男性弱変化名詞、相関接続詞　　62

Lektion 0　Alphabet und Aussprache

文字と発音

アルファベートと発音の規則

CD02

A a〔アー〕	au〔アオ〕		Q q〔クー〕	qu〔クヴ〕
B b〔ベー〕	語末〔プ〕		R r〔エル〕	語末〔ア〕
C c〔ツェー〕	ch〔ハ・フ・ホ/ヒ〕　chs〔クス〕		S s〔エス〕	ss〔ス〕　sch〔シュ〕 sp/st〔シュプ/シュト〕
D d〔デー〕	語末〔ト〕　dt〔ト〕　ds〔ツ〕		T t〔テー〕	tsch〔チュ〕　ts/tz〔ツ〕
E e〔エー〕	ei〔アイ〕　eu〔オイ〕		U u〔ウー〕	
F f〔エフ〕			V v〔ファオ〕	
G g〔ゲー〕	語末〔ク〕　ig〔イッヒ〕		W w〔ヴェー〕	
H h〔ハー〕			X x〔イクス〕	
I i〔イー〕	ie〔イー〕		Y y〔ユプシロン〕	
J j〔ヨット〕			Z z〔ツェット〕	
K k〔カー〕				
L l〔エル〕				
M m〔エム〕			Ä ä〔エー〕	äu〔オイ〕
N n〔エン〕			Ö ö〔エー〕	
O o〔オー〕			Ü ü〔ユー〕	
P p〔ペー〕	pf〔プフ〕　ph〔フ〕		ß〔エスツェット〕	

その他

CD03

-ung	➡ 〔ウング〕	Hoffnung 希望
母音+h	➡ hは読まずに母音を伸ばす。	Bahn 鉄道
s+母音	➡ 有声音〔z〕になる。	Saft ジュース
th	➡ hは読まない。	Thema 主題
-tion	➡ 〔ツィオーン〕	Information 情報
v	➡ 〔ファオ〕ではなく〔ヴ〕の音になる単語もある。	Klavier ピアノ
ie	➡ 〔イー〕ではなく〔イエ〕と発音する単語もある。	Familie 家族

日常フレーズで発音練習

母音編

❶ 短母音と長母音の発音

〔短母音〕　H**a**llo. こんにちは。　　　　　　**A**lles klar. わかりました。
〔長母音〕　G**u**ten Morgen. おはようございます。　G**u**ten T**a**g. こんにちは。
　　　　　　Wie g**eh**t es Ihnen? 元気ですか？　Gute Id**ee**. いいね。

❷ 変母音ウムラオト ä / ö / ü の発音

　　　　　　Bis sp**ä**ter. またあとでね。　　　Danke sch**ö**n. ありがとうございます。
　　　　　　Gr**üß** Gott！ こんにちは！（ドイツ南部のあいさつ）

❸ 二重母音 ei / au / ie / eu / äu の練習

　　　　　　N**ei**n. いいえ。　　　　　　　Verz**ei**hung. すみません。
　　　　　　Auf W**ie**dersehen. さようなら。
　　　　　　Ich fr**eu**e mich. 楽しみです。　W**ie** l**äu**ft's? 最近どう？

子音編

❶ ch の発音

　　　　　　Ma**ch**'s gut！ 頑張って！　　Gute Na**ch**t. おやすみなさい。
　　　　　　E**ch**t? 本当？　　　　　　　Herzli**ch**en Dank！ どうもありがとう。

❷ sch と tsch の発音

　　　　　　Gern ge**sch**ehen. どういたしまして。
　　　　　　Ent**sch**uldigung. すみません。　**Tsch**üs！ バイバイ！

❸ v と w と z の発音

　　　　　　Vielen Dank. どうもありがとう。　**Z**um **W**ohl！ 乾杯！
　　　　　　Zusammen, bitte. お会計は一緒でお願いします。
　　　　　　Wie bitte? 何とおっしゃいましたか？

❹ j の発音

　　　　　　Ja, natürlich. ええ、もちろん。

❺ r と l の発音

　　　　　　Rechnung bitte. お会計をお願いします。
　　　　　　Gute **R**eise. 行ってらっしゃい。　Tut mir **l**eid. ごめんなさい。

❻ s の発音

　　　　　　Sehr gerne. かしこまりました。　Vor**s**icht！ 気をつけて！
　　　　　　Sowie**s**o. もちろん。当然だよ。

❼ sp と st と ß の発音

　　　　　　Einver**st**anden. 了解。　　　**St**immt so. おつりは結構です。
　　　　　　Viel **Sp**aß！ 楽しんでね！

❽ qu の発音

　　　　　　Eine **Qu**ittung, bitte. 領収書をください。

sieben　7

Lektion 1   Universität

規則動詞の現在人称変化　sein と haben

Fritz : Willkommen in Deutschland！

Anna : Danke schön！ Ich heiße Anna．Ich studiere Germanistik．
　　　　 Wie heißt du？

Fritz : Ich heiße Fritz．Ich studiere Japanologie．

Anna : Interessant！ Woher kommst du？

Fritz : Ich komme aus München．Und du？

Anna : Ich bin in Kyoto geboren．

Universität 大学　　　　　　Willkommen in ...！ ...にようこそ！　　Deutschland ドイツ
heißen ...という名前である　studieren 勉強する　　　　　　　　　　Germanistik ドイツ学
Wie heißt du？ お名前は？　 Japanologie 日本学　　　　　　　　　　interessant 興味深い
Woher kommst du？　出身はどこですか。　　　　　　　　　　　　　　aus... ...から
und そして、...と...　　　　geboren ...に生まれた

1. 不定詞（辞書に載っている動詞）の構造

- 不定詞（辞書に載っている動詞）には **en** か **n** の語尾が必ず付いています。

2. 規則動詞の現在人称変化

- 実際に使うときは語尾を主語（人称）に合わせて次のように変化させます。

	単　数			複　数	
1人称	ich 私は	-e	1人称	wir 私たちは	-en
2人称	du 君は	-st	2人称	ihr 君たちは	-t
3人称	er 彼は / sie 彼女は / es それは	-t	3人称	sie 彼らは／彼女らは／それらは	-en
敬称の2人称	Sie あなたは	-en	敬称の2人称	Sie あなたがたは	-en

ich	komme	wandere	wir	kommen	wandern
du	kommst	wanderst	ihr	kommt	wandert
er/sie/es	kommt	wandert	sie	kommen	wandern
Sie	kommen	wandern	Sie	kommen	wandern

- 語幹が -t, -d で終わる動詞は、du, er, sie, es, ihr の語尾の前に口調上の **e** が入ります。

  例 arbeiten 働く ➡ du arbeitest, er arbeitet, ihr arbeitet

- 語幹が -s / -ß（ス）、-z / -ts（ツ）で終わる動詞は、du の語尾が -st ではなく **-t** になります。

  例 heißen ...という名前である ➡ du heißt

3. sein（英 be動詞）と haben（英 have）の人称変化

ich	bin	habe	wir	sind	haben
du	bist	hast	ihr	seid	habt
er/sie/es	ist	hat	sie	sind	haben
Sie	sind	haben	Sie	sind	haben

Szenen　会話練習

1　初対面の人に挨拶する

A: Hallo, ich bin *Luka*. Wie heißt du?

B: Hallo, ich heiße *Marie*. Ich komme aus *Deutschland*.

A: Bist du *Studentin*?

B: Ja, ich bin *Studentin* und studiere hier.

A: Wohnst du in *Kyoto*?

B: Ja, ich wohne in *Kyoto*.

語彙のヒント
- Studentin 女子大学生（Student 男子大学生）
- ja はい
- hier ここで
- wohnen 住む

Aufgabe　　を置き換えて、自己紹介の練習をしてみましょう。

疑問詞一覧					
wer	誰	wo	どこ	wie	どのように
was	何	woher	どこから	warum, wieso	なぜ
wann	いつ	wohin	どこへ		

2　人を何かに誘う

A: Hast du heute Abend Zeit? Ich *gehe ins Kino*. Kommst du auch?

B: Nein, leider nicht. Ich *jobbe* heute Abend.

A: Schade. Aber mach's gut!

B: Ja, viel Spaß!

語彙のヒント
- heute Abend 今晩
- Zeit 時間
- ins Kino gehen 映画を観に行く
- auch …も
- leider nicht 残念ながらできません
- jobben バイトをする
- schade 残念
- aber でも

Aufgabe　　を置き換えて、相手を誘う表現を練習してみましょう。

❶ A: zum Essen gehen ご飯を食べに行く　　B: Deutsch lernen ドイツ語を勉強する

❷ A: zur Party gehen パーティーに行く　　B: Fußball spielen サッカーをする

Übung 自分の専攻を答えてみましょう。

 Was studierst du?

 Ich studiere Jura.

専 攻

独語独文学	Germanistik	宗教学	Religionswissenschaft	商学	Management
英語英米文学		教育学	Pädagogik	経済学	Wirtschaftswissenschaft
	Anglistik /Amerikanistik	音楽学	Musikwissenschaft	経営学	Betriebswirtschaft
仏語仏文学	Romanistik	法学	Jura	医学	Medizin
日本語日本文学	Japanologie	社会学	Soziologie	看護学	Pflegewissenschaft
哲学	Philosophie	政治学	Politikwissenschaft	農学	Agrarwissenschaft
歴史学	Geschichte	心理学	Psychologie	工学	Technik
物理学	Physik	情報学	Informatik	化学	Chemie
建築学	Architektur	生物学	Biologie	デザイン学	Design

文法コラム

● **動詞の語順**　大原則：動詞は２番目！

Ich **wohne** jetzt in München.　私は今ミュンヘンに滞在しています。

Jetzt **wohne** ich in München.　今、私はミュンヘンに滞在しています。

In München **wohne** ich jetzt.　ミュンヘンに私は今滞在しています。

疑問文：疑問詞なし ➡ 動詞は文頭！

Wohnst du jetzt in München?　君は今ミュンヘンに滞在していますか。

疑問詞あり ➡ 動詞は２番目！

Wie **heißt** du?　君の名は何と言いますか。

Woher **kommst** du?　出身はどこですか。(君はどこから来たの。)

Wo **wohnst** du?　どこに住んでいますか。(滞在していますか。)

elf 11

Lektion 2   Bibliothek und Mensa

人称代名詞　名詞の性と複数形　定冠詞・不定冠詞

Fritz : Heute zeige ich dir den Campus.

Anna : Danke, ich folge dir.

Fritz : Das ist die Bibliothek.

Anna : Oh, sie ist modern.

Fritz : Ach, du brauchst einen Ausweis.

Anna : Alles klar !

Fritz : Dort ist die Mensa. Hast du schon Hunger ?

Anna : Ja, ich habe Hunger.

---

e Bibliothek 図書館　　　　e Mensa 学生食堂　　　　zeigen 案内する、見せる
r Campus キャンパス　　　folgen ついて行く　　　　modern 近代的な
ach あっ、そうそう　　　　brauchen 必要とする　　r Ausweis 利用証
Dort ist ... あそこに...があります。　schon すでに
Hast du Hunger ? お腹が空いていますか。

1. 人称代名詞

- 人称代名詞は文中での役割によって4つの格に分けられます。

	1格 …は・が	2格 …の	3格 …に	4格 …を
1人称単数	ich	meiner	mir	mich
2人称単数	du	deiner	dir	dich
3人称単数	er（男性名詞） sie（女性名詞） es（中性名詞）	seiner ihrer seiner	ihm ihr ihm	ihn sie es
1人称複数	wir	unser	uns	uns
2人称複数	ihr	euer	euch	euch
3人称複数	sie	ihrer	ihnen	sie
敬称の2人称	Sie	Ihrer	Ihnen	Sie

※人称代名詞2格はあまり使われません。　☞第4課「所有冠詞」を参照してください。

2. 名詞の性と複数形　　名詞の頭文字は必ず大文字で書きます。

- すべての名詞は男性、女性、中性という3つの性に分けられます。ただし、複数形に性の区別はありません。
- 例　男性名詞 Platz 場所　女性名詞 Zeit 時間　中性名詞 Buch 本　複数形 Plätze、Zeiten、Bücher

　※名詞の性と複数形はその都度、辞書で調べましょう。　☞巻末補足を参照してください。

- 男性名詞は代名詞er、女性名詞はsie、中性名詞はes、複数形はsieで言い換えることができます。

3. 定冠詞（英：the）「その」

- 特定された既知のものを表す。　※男性名詞・中性名詞2格は語尾に -s/-es、複数名詞3格は語尾に -n

	1格 …は・が	2格 …の	3格 …に	4格 …を
男性名詞	der Platz	des Platzes	dem Platz	den Platz
女性名詞	die Zeit	der Zeit	der Zeit	die Zeit
中性名詞	das Buch	des Buches	dem Buch	das Buch
複数形	die Bücher	der Bücher	den Büchern	die Bücher

4. 不定冠詞（英：a, an）「ある」「ひとつの」

- 特定されていない未知のもの、もしくは数字の1を表す。複数形はありません。

	1格 …は・が	2格 …の	3格 …に	4格 …を
男性名詞	ein Platz	eines Platzes	einem Platz	einen Platz
女性名詞	eine Zeit	einer Zeit	einer Zeit	eine Zeit
中性名詞	ein Buch	eines Buches	einem Buch	ein Buch

5. 無冠詞

- 職業・身分・国籍を表す名詞や物質名詞（液体・気体・製品の原料・食料など）、熟語・慣用句には冠詞を付けません。

Szenen 会話練習

1 家族を紹介する

A: Hast du Geschwister?

B: Nein, Ich bin Einzelkind. Und du?

A: Ich habe *eine Schwester*. *Sie* ist mir sehr ähnlich.

B: Wie alt ist *sie*?

A: *Sie* ist *24* Jahre alt.

語彙のヒント
- *pl.* Geschwister 兄弟姉妹   • *s* Einzelkind 一人っ子
- *e* Schwester 姉妹 / *pl.* Schwestern (*r* Bruder / *pl.* Brüder 兄弟)
- ähnlich＋3格 …に似ている   • Wie alt …? 何歳ですか？
- 24 (vierundzwanzig) Jahre alt 24歳

Aufgabe　　　　を置き換えて、兄弟姉妹の有無や年齢を尋ねる表現を練習してみましょう。

2 感想を伝える

A: Wie findest du *das Restaurant*?

B: Ich finde *es* *super* und *das Essen* schmeckt mir wunderbar.

A: Stimmt! Ich trinke noch etwas.

　 Zeigst du mir mal die Getränkekarte?

B: Ja, hier ist sie.

語彙のヒント
- finden＋4格＋形容詞 …を…だと思う   • *s* Restaurant レストラン
- super すてきな   • *s* Essen 食事   • schmecken＋3格 …にとっておいしい
- wunderbar すばらしい   • Stimmt! たしかに！   • trinken 飲む
- noch etwas まだ何か   • zeigen 見せる   • mal ちょっと
- *e* Getränkekarte 飲み物のメニュー

Aufgabe　　　　を置き換えて、会話練習をしましょう。

❶ A: *e* Kneipe 居酒屋　　B: originell 独創的　／　*pl.* Gerichten これらの料理

❷ A: *s* Café カフェ　　B: angenehm 居心地が良い　／　*r* Kuchen ケーキ

14　vierzehn

数詞（基数）									
0	null	5	fünf	10	zehn	15	fünfzehn	20	zwanzig
1	eins	6	sechs	11	elf	16	sechzehn	21	einundzwanzig
2	zwei	7	sieben	12	zwölf	17	siebzehn	22	zweiundzwanzig
3	drei	8	acht	13	dreizehn	18	achtzehn	23	dreiundzwanzig
4	vier	9	neun	14	vierzehn	19	neunzehn	24	vierundzwanzig

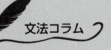
文法コラム

● 名詞と代名詞の語順

1. 両方とも名詞：3格 ➡ 4格

   Ich schenke der Mutter *eine Blume*.　私は母に花を一輪贈ります。

2. 代名詞 ➡ 名詞（格にかかわらずこの順番！）

   Ich schenke ihr *eine Blume*.　私は彼女に花を一輪贈ります。

   Ich schenke *sie* der Mutter.　私はそれを母に贈ります。

3. 両方とも代名詞：4格 ➡ 3格

   Ich schenke *sie* ihr.　私はそれを彼女に贈ります。

Lektion 3   Regensburg

不規則動詞の現在人称変化　命令形

Fritz : Gefällt dir die Uni?

Anna : Ja, sie gefällt mir, aber ich kenne Regensburg noch nicht gut.

Fritz : Okay, machen wir heute einen Stadtrundgang!

　　　　Es gibt viele Sehenswürdigkeiten in Regensburg.

Anna : Das ist nett von dir.

Fritz : Siehst du die Kirche dort? Sie heißt „Dom St. Peter".

Anna : Oh, das ist wunderbar! Wann öffnet sie?

Fritz : Um halb 7. Sie schließt um 18 Uhr.

---

gefallen+3格 …の気に入る　　Uni = e Universität　　kennen（経験を通じて）知っている
noch まだ　　Stadtrundgang machen 街歩きをする　　es gibt+4格 …がある
viele Sehenswürdigkeiten たくさんの名所　　e Kirche 教会　　dort あそこ
Das ist nett von dir. それはありがたい。　　r Dom 大聖堂　　öffnen 開く
um … Uhr …時に　　schließen 閉まる

1. 不規則動詞の現在人称変化

- ドイツ語の動詞のなかには、単数2人称・3人称においてアクセントのある母音(幹母音)が変化するものがあります。

◆ a ➡ ä 型　例 fahren （乗り物で）行く

ich	fahre	wir	fahren
du	fährst	ihr	fahrt
er/sie/es	fährt	sie / Sie	fahren

◆ e(短母音) ➡ i 型　例 sprechen 話す

ich	spreche	wir	sprechen
du	sprichst	ihr	sprecht
er/sie/es	spricht	sie / Sie	sprechen

◆ e(長母音) ➡ ie 型　例 sehen 見る

ich	sehe	wir	sehen
du	siehst	ihr	seht
er/sie/es	sieht	sie / Sie	sehen

◆ その他のよく使う不規則動詞

geben 与える

ich	gebe	wir	geben
du	gibst	ihr	gebt
er/sie/es	gibt	sie / Sie	geben

werden …になる

ich	werde	wir	werden
du	wirst	ihr	werdet
er/sie/es	wird	sie / Sie	werden

wissen （知識として）知っている

ich	weiß	wir	wissen
du	weißt	ihr	wisst
er/sie/es	weiß	sie / Sie	wissen

nehmen 手に取る、選び取る

ich	nehme	wir	nehmen
du	nimmst	ihr	nehmt
er/sie/es	nimmt	sie / Sie	nehmen

2. 命令形
動詞を文頭に置き、Sie 以外の主語を省略します。

- 基本的に du に対する命令は動詞の語幹を用いますが、母音が e ➡ i/ie 型の不規則動詞はこれに従います。

	kommen	arbeiten	fahren	sprechen	sehen	sein
du	Komm！	Arbeite！	Fahr！	Sprich！	Sieh！	Sei！
ihr	Kommt！	Arbeitet！	Fahrt！	Sprecht！	Seht！	Seid！
Sie	Kommen Sie！	Arbeiten Sie！	Fahren Sie！	Sprechen Sie！	Sehen Sie！	Seien Sie！

Szenen 会話練習

1 列車の出発時刻を尋ねる

A: Wann fährt der Zug?

B: Er fährt um *12 Uhr*. Ich erreiche den Zug vielleicht nicht.

A: Ah, es ist schon *Viertel vor zwölf*.

　　Aber kein Problem! Ich bringe dich nach Hause.

B: Danke, das ist nett von dir!

語彙のヒント
- r Zug 列車
- fahren 発車する
- erreichen 間に合う
- vielleicht たぶん
- Viertel 15分
- vor 前（nach 後）
- Kein Problem! 問題ありません！
- bringen 連れて行く
- nach Hause 家へ

Aufgabe 　の時間を変えて練習してみましょう。

❶ A：10時半　　B：10時　　❷ A：8時35分　　B：8時15分

9時半	neun Uhr dreißig / halb zehn	
10時15分	zehn Uhr fünfzehn / Viertel nach zehn	
10時35分に	**um** zehn Uhr fünfunddreißig / **um** fünf nach halb elf	
10時45分頃	**gegen** zehn Uhr fünfundvierzig / **gegen** Viertel vor elf	

30 dreißig	40 vierzig
50 fünfzig	60 sechzig
70 siebzig	80 achtzig
90 neunzig	100 [ein]hundert

2 物を借りる

A: Gib mir bitte mal *einen Bleistift*. Ich habe nämlich eine Prüfung.

B: Ja, sehr gerne. Hier bitte.

A: Danke schön. Ich bin jetzt ein bisschen nervös.

B: Hab keine Angst! Ich wünsche dir viel Erfolg. Mach's gut!

語彙のヒント
- r Bleistift 鉛筆
- nämlich つまり、そのわけは
- e Prüfung 試験、テスト
- jetzt いま
- ein bisschen ほんの少し
- nervös 緊張する
- e Angst 不安
- wünschen＋3格＋4格 …に…を願う、望む
- viel たくさんの
- r Erfolg 成功

Aufgabe 　を変えて、物を借りる表現を練習してみましょう。

❶ das Wörterbuch その辞書を　　❷ die Hefte それらのノートを

文法コラム

● 否定詞nichtの位置

動詞を否定する場合（全文否定）➡ nichtは文末！

Ich kaufe den Kuchen nicht.　私はケーキを買いません。

動詞以外を否定する場合（部分否定）➡ nichtは否定したい語句の前！

Ich kaufe nicht den Kuchen, sondern den Sandwich.
私はケーキではなく、サンドイッチを買います。

● Ja, Nein, Dochを使って質問に答えましょう。

否定詞nichtのない疑問文：Bist du Student？　　　　君は大学生ですか。

　　　　　　　　　　　Ja, ich bin Student.　　　　はい、私は大学生です。

　　　　　　　　　　　Nein, ich bin nicht Student.　いいえ、私は大学生ではありません。

否定詞nichtのある疑問文：Bist du nicht Student？　　君は大学生ではないの？

　　　　　　　　　　　Nein, ich bin nicht Student.　はい、私は大学生ではありません。

　　　　　　　　　　　Doch, ich bin Student.　　　いいえ、私は大学生です。

neunzehn　19

Lektion 4   Sprachkurs

定冠詞類　不定冠詞類　疑問代名詞

Amerikaner : Mein Vater ist Musiker. Er übt jeden Tag Gitarre.

Lehrer : Spielen Sie auch etwas?

Amerikaner : Nein, leider bin ich unmusikalisch.

Spanier : Mein Vater ist Koch von Beruf. Er kocht fast alle Speisen.

Anna : Meine Mutter ist Beamtin. Sie ist pünktlich.

Grieche : Die Japaner und die Deutschen sind pünktlich.

Anna : Ja, aber nur die Züge fahren pünktlich in Japan.

Chinesin : Ich bin meiner Mutter ähnlich. Diese Halskette gehört meiner Mutter.

---

r Sprachkurs 語学コース　　r Musiker 音楽家　　üben 練習する
jeden Tag 毎日　　e Gitarre ギター　　r Lehrer 教師
unmusikalisch 音楽の才能のない　　r Koch 料理人　　von Beruf 仕事として
fast ほとんど　　e Speise 料理　　e Beamtin 女性公務員
pünktlich 時間通りの　　r Deutsche ドイツ人　　r Zug 列車
ähnlich＋3格 …に似ている　　e Halskette ネックレス　　gehören＋3格 …のものである

1. 定冠詞類

- 定冠詞と同じように名詞に付けて意味を補足します。
  dies- この ／ jen- あの ／ jed- あらゆる（単数のみ）／ all- あらゆる（単数・複数）
  solch- そのような ／ welch- どのような

	1格 …は・が	2格 …の	3格 …に	4格 …を
男性名詞	dieser Platz	dieses Platzes	diesem Platz	diesen Platz
女性名詞	diese Zeit	dieser Zeit	dieser Zeit	diese Zeit
中性名詞	dieses Buch	dieses Buches	diesem Buch	dieses Buch
複数形	diese Bücher	dieser Bücher	diesen Büchern	diese Bücher

2. 不定冠詞類

- 不定冠詞と同じように名詞に付けて意味を補足します。ただし不定冠詞と異なり複数形があります。
  〔所有冠詞〕 mein 私の ／ dein 君の ／ sein 彼の・それの ／ ihr 彼女の・彼らの・彼女らの・それらの ／
  unser 私たちの ／ euer 君たちの ／ Ihr あなたの・あなたがたの
  〔否定冠詞〕 kein ひとつも…ない

	1格 …は・が	2格 …の	3格 …に	4格 …を
男性名詞	mein Platz	meines Platzes	meinem Platz	meinen Platz
女性名詞	meine Zeit	meiner Zeit	meiner Zeit	meine Zeit
中性名詞	mein Buch	meines Buches	meinem Buch	mein Buch
複数形	meine Bücher	meiner Bücher	meinen Büchern	meine Bücher

3. 疑問代名詞

- 疑問代名詞の wer「だれ」と was「なに」には、格の区別があります。

	1格 …は・が	2格 …の	3格 …に	4格 …を
wer だれ	wer	wessen	wem	wen
was なに	was	―	―	was

einundzwanzig

Szenen 会話練習

1 趣味を尋ねる

A: Was sind deine Hobbys?

B: Mein Hobby ist *Musizieren*. Ich *schwimme* auch gern.

A: *Welches Instrument spielst* du?

B: Ich *spiele Klavier*.

語彙のヒント
- *pl.* Hobbys ＞ *s* Hobby 趣味
- musizieren 音楽を演奏する（こと）
- schwimmen 泳ぐ
- *s* Instrument 楽器
- *s* Klavier ピアノ

Aufgabe 　　　を置き換えて、練習してみましょう。

❶ Musik hören 音楽を聴く ／ kochen 料理をする ／ (welch- ＋) *e* Musik どんな音楽 ／ Rockmusik ロック音楽（無冠詞で）

❷ Sport treiben スポーツをする ／ Comics lesen 漫画を読む ／ (welch- ＋) *r* Sport どんなスポーツをするの？ ／ Tennis spielen テニスをする

2 プレゼントを買う

A: *Meine Mutter* hat bald Geburtstag. Ich schenke *ihr eine Kette*.

B: Gute Idee. Ich schicke *meinem Freund* auch ein Paket.

A: Was schickst du *deinem Freund*?

B: Ich kaufe *Süßigkeiten* und schicke *sie ihm*.

語彙のヒント
- *r* Geburtstag 誕生日
- schenken＋3格＋4格 ...に...を贈る
- *e* Kette ネックレス
- schicken 送る
- *r* Freund 友達
- *s* Paket 小包、荷物
- *pl.* Süßigkeiten お菓子

Aufgabe 　　　を置き換えて、練習をしてみましょう。

❶ A: *r* Vater 父 ／ *e* Krawatte ネクタイを
　 B: *e* Freundin 女友達に ／ *s* Parfüm 香水を

❷ A: *r* Schulfreund 同級生 ／ *pl.* Bücher 本を
　 B: *e* Nichte 姪に ／ *pl.* Spielwaren おもちゃを

Übung お互いの趣味を尋ね合ってみましょう。

 Was sind deine Hobbys?

Mein Hobby sind Reisen und Fotografieren.

趣　味

サッカーをする　Fußball spielen	散歩に行く　　spazieren gehen	歌う　　　　　　　　　singen
野球をする　　Baseball spielen	買い物に行く　　　　　shoppen	映画を観る　　　　Filme sehen
自転車に乗る　　　　Rad fahren	ジョギングをする　　　　joggen	旅行をする　　　　　　 reisen
バイクに乗る　　Motorrad fahren	ギターを弾く　Gitarre spielen	写真を撮る　　　　fotografieren
ドライブする	絵を描く　　malen／zeichnen	ゲームをする　　　　　 zocken
eine Spazierfahrt machen	雑誌を読む　Zeitschriften lesen	インターネットをする im Internet surfen

文法コラム

● 否定詞nichtと否定冠詞keinの使い分け

nicht「...ない」: 定冠詞（類）もしくは所有冠詞の付いた名詞を否定

　　Das ist mein Problem.　　　　　　それは私の問題だ。
　➡ Das ist nicht mein Problem.　　　それは私の問題ではない。

kein「ひとつも...ない」: 不定詞einの付いた名詞もしくは無冠詞の名詞を否定

　　Das ist ein Problem.　　　　　　　それは問題のひとつだ。
　➡ Das ist kein Problem.　　　　　　それは全く問題ではない。

　　Ich habe Hunger.　　　　　　　　私はお腹が空いている。
　➡ Ich habe keinen Hunger.　　　　 私は全くお腹が空いていない。

Lektion 5   Oktoberfest

前置詞　前置詞と定冠詞の融合形

Fritz und Anna fahren am Wochenende nach München.

Fritz : Ich komme heute in Lederhose.

Anna : Sie steht dir.

Fritz : Danke, die Frauen tragen Dirndl.

Anna : Ja, es ist schön, aber hier ist es sehr voll.

Fritz : Die Menschen kommen aus aller Welt.

　　　　Das Oktoberfest existiert seit 1810 bis heute auf der Wiese.

Anna : Interessant!

Fritz : Trinken wir eine Maß Bier!

---

s Oktoberfest 世界最大のビール祭　　am Wochenende 週末に　　e Lederhose 革ズボン
stehen＋3格 …に似合う　　e Frau 女性　　tragen 身につけている
s Dirndl ディアンドル（ドイツ南部・オーストリアの民族衣装）　　sehr とても
voll いっぱい　　r Mensch 人間　　e Welt 世界
existieren 存在する　　seit 1810 (achtzehnhundertzehn) 1810年以来
e Wiese 草原　　e Maß（1ℓの）ジョッキ

1. 前置詞
前置詞は、英語のinやtoと同様、名詞・代名詞の前に置きます。

◆ 特定の格と結びつく前置詞

2格支配	3格支配	4格支配
● statt …の代わりに ● trotz …にもかかわらず ● während …の間じゅう ● wegen …のために(理由)	● aus …中から　● seit …以来 ● bei …のところで　● von …から ● mit …と一緒に　● zu …へ ● nach …へ、…のあとで	● durch …を通って　● ohne …なしで ● um …のまわりに　● für …のために ● gegen …に反して　● bis …まで

Ich wohne mit einer Katze. 　私は一匹の猫と暮らしています。
Bitte, nach Ihnen! 　お先にどうぞ。
Kein Mensch ist ohne Aber. 　欠点のない人間はいない。
Ich demonstriere gegen den Krieg. 　私は戦争反対のデモをします。
Ich demonstriere für den Frieden. 　私は平和のためにデモをします。

CD23

◆ 3格とも4格とも結びつく前置詞

- **場所**を表すときは3格と結びつきます。
  Der Kalender hängt an der Wand. 　そのカレンダーはその壁にかかっています。
- **方向**を表すときは4格と結びつきます。
  Ich hänge den Kalender an die Wand. 　私はそのカレンダーをその壁にかけます。

2. 前置詞と定冠詞の融合形

● 融合形になると定冠詞の「その」という意味がうすれます。

■ an dem ➡ am	■ um das ➡ ums
■ an das ➡ ans	■ von dem ➡ vom
■ auf das ➡ aufs	■ zu dem ➡ zum
■ in dem ➡ im	■ zu der ➡ zur
■ in das ➡ ins	■ bei dem ➡ beim

Er kommt in das Zimmer. 彼はその部屋に入る。

Er kommt ins Zimmer. 　彼は部屋に入る。

Szenen 会話練習

1 どこにあるか尋ねる

A: Entschuldigung, gibt es hier in der Nähe *eine Toilette*?

B: Ja, *die Toilette* finden Sie *im Hauptgebäude*.

A: Und wie komme ich von hier *zum Hauptgebäude*?

B: Gehen Sie geradeaus und dann an der Kreuzung nach rechts. *Vor dem Brunnen* ist *das Hauptgebäude*.

A: Vielen Dank!

B: Gern geschehen.

語彙のヒント ● *e* Toilette トイレ　● *e* Nähe 近く　● *s* Hauptgebäude 本館、総合棟
● geradeaus まっすぐ　● *e* Kreuzung 交差点　● rechts 右 (links 左)
● *r* Brunnen 噴水

Aufgabe ▢ を置き換えて、練習してみましょう。

❶ *r* Geldautomat ATM　/　*e* Kaufhalle 百貨店の中に　/　(an +) *r* Platz 広場に面して

❷ *e* Touristeninformation 旅行案内所　/　*r* Bahnhof 駅の中に　/
(neben +) *r* Supermarkt スーパーのとなりに

2 どこにいるか伝える

A: Wo ist deine Freundin gerade? Gehen wir zusammen ins Café!

B: Sie ist mit *ihrem Tutor* in *der Bibliothek*.
Denn sie *hält am Freitag ein Referat über den Klimawandel*.

A: Echt? Sie ist anscheinend sehr beschäftigt.

語彙のヒント ● *e* Freundin 女友達　● gerade いま　● *r* Tutor チューター
● denn なぜなら、というのも　● Referat halten 研究発表する　● *r* Klimawandel 気候変動
● echt 本当の　● anscheinend 見たところ…らしい　● beschäftigt 忙しい

Aufgabe ▢ を置き換えて、練習してみましょう。

❶ *e* Familie 家族　/　*r* Urlaub 休暇　/
für ihre Geschwister sorgen 妹たちの面倒を見ている

❷ *r* Studienkollege (-n/-n) ゼミの男友だち　/　*s* Seminar 研究室　/
e Seminararbeit schreiben ゼミのレポートを書いている

文法コラム

● 動詞以外の順番

誰が ➡ 動詞 ➡ 誰に ➡ いつ ➡ どのように ➡ どこで ➡ 何を

Ich gebe dem Freund heute schnell im Bus den Text.
私は今日友達にバスの中ですばやくテキストを渡す。

強調したい語句を動詞の前に持ってくることもできます。

Heute gebe ich dem Freund schnell im Bus den Text.

● 不定代名詞：特定の人やものを指示する必要のないときに用います。

man 人／keiner 誰も…ない／etwas 何か／nichts 何も…ない

1格 …は・が	2格 …の	3格 …に	4格 …を
man	(eines)	einem	einen
keiner	keines	keinem	keinen
etwas	—	etwas /et³(辞書)	etwas / et⁴(辞書)
nichts	—	nichts	nichts

※ man「人」は訳さないことも多い。der Mann「男の人」とはスペルも意味も異なるので注意！

Lektion 6 Liechtenstein

話法の助動詞　未来の助動詞 werden

Fritz : Kennst du das Fürstentum Liechtenstein?

Anna : Keine Ahnung!

Fritz : Dieses Land ist sehr klein, aber auch sehr reich.

　　　Vaduz ist Liechtensteins Hauptstadt.

　　　Du musst in Vaduz zum Tourist Office gehen.

Anna : Warum?

Fritz : Dort kann man einen Stempel in den Reisepass bekommen.

Anna : Nicht an der Grenzkontrolle, sondern beim Tourist Office?

Fritz : Genau, es gibt keine Grenzkontrollen in Liechtenstein.

Liechtenstein リヒテンシュタイン　s Fürstentum 公国　Keine Ahnung! 全然知りません。
s Land 国　klein 小さい　reich 金持ちの
e Hauptstadt 首都　s Tourist Office ツーリストオフィス　r Stempel スタンプ
r Reisepass パスポート　bekommen 受け取る　nicht ... , sondern ~ …ではなく~
e Grenzkontrolle 入国審査　genau そのとおり

1. 話法の助動詞

können：「…できる」(能力)、「…かもしれない」(可能性)

müssen：「…しなければならない」(義務)、「…にちがいない」(必然)

dürfen：「…してもよい」(許可)

wollen：「…するつもりである」(主語の意志)

sollen：「…しなければならない」(主語以外の意志)、「…という話である」(伝聞)

mögen：「…かもしれない」(推量)、「…を好む」

möchte：「…したい」(願望)

	können	müssen	dürfen	wollen	sollen	mögen	möchte
ich	kann	muss	darf	will	soll	mag	möchte
du	kannst	musst	darfst	willst	sollst	magst	möchtest
er/sie/es	kann	muss	darf	will	soll	mag	möchte
wir	können	müssen	dürfen	wollen	sollen	mögen	möchten
ihr	könnt	müsst	dürft	wollt	sollt	mögt	möchtet
sie / Sie	können	müssen	dürfen	wollen	sollen	mögen	möchten

2. 助動詞を含む文

本動詞の不定形を文末に置き、枠構造を作ります。

Ich gehe jetzt nach Hause. いまから家に帰ります。(本動詞 gehen)

Ich muss jetzt nach Hause gehen. いまから家に帰らなければなりません。
　　　　枠構造

Muss ich jetzt nach Hause gehen? いまから家に帰らなければなりませんか。

● 助動詞だけで意味がわかる場合は、本動詞を省略できます。

Ich muss jetzt nach Hause. いまから家に帰らなければなりません。

3. 未来の助動詞 werden

☞ 人称変化は第3課を参照

1人称(強い意志)：Das werde ich auf keinem Fall tun! 私はそんなことを絶対にしません！

2人称(要請)：　Du wirst ins Bett gehen. 君は寝なさい。

　　(推量)：　Du wirst müde sein. 君は疲れているだろう。

3人称(推量)：　Er wird krank sein. 彼は病気だろう。

neunundzwanzig

Szenen 会話練習

1 許可を求める

A: Hallo, ich studiere hier als Austauschstudentin.
　　Kann ich *Bücher aus der Bibliothek ausleihen*?

B: Ja, natürlich. Zuerst müssen Sie Ihren Ausweis zeigen.

A: Okay. Hier, bitte.

B: Danke schön. Und Sie können da drüben *Ihre Tasche ins Schließfach stellen*.

A: Ach so, alles klar.

語彙のヒント
- *e* Austauschstudentin (*r* Austauschstudent) 交換留学生　• ausleien 借りる
- natürlich もちろん　• zuerst まず始めに　• da drüben 向こうのあそこで
- *e* Tasche 鞄　• *s* Schließfach コインロッカー　• stellen 置く、しまう

Aufgabe　　　を置き換えて練習してみましょう。

❶ *e* Ausstellung sehen 展覧会を観る　／　*r* Bildkatalog kaufen 図録を買う

❷ *s* W-LAN benutzen Wi-fiを使う　／　die PCs benutzen パソコンを利用する

2 レストランで支払いをする

A: Wir möchten bezahlen.

Die Bedienung: Das macht *51 Euro 60*, bitte.

A: *Ich bezahle bar. (gibt der Bedienung 60 Euro) 55 Euro, bitte.*

Die Bedienung: *Danke schön, und 5 Euro zurück*.
　　Ich wünsche Ihnen noch einen schönen Tag.

語彙のヒント
- bezahlen 支払いをする　• *e* Bedienung ウエイター　• das macht (…の金額)になる
- bar 現金の　• zurück (おつりを)戻して、元の方向へ

Aufgabe　　　を置き換えていろいろな支払い方を練習してみましょう。

❶ 28, 20ユーロ　／　30 Euro, stimmt so. 30ユーロで、おつりは要りません。／
Herzlichen Dank. どうもありがとうございます。

❷ 85, 30ユーロ　／
Ich bezahle mit Kreditkarte. 90 Euro, bitte. クレジットカードで。90ユーロでお願いします。／
Ihre Unterschrift, bitte. サインをお願いします。

30　dreißig

Übung 明日の天気について説明してみましょう。

 Wie wird das Wetter morgen?

Es wird morgen regnen und feucht sein.

天気

暖かい	warm	じめじめしている	feucht	曇っている	bewölkt
涼しい	kühl	乾燥している	trocken	雨が降る	regnen
暑い	heiß	天気がいい	sonnig / schön	嵐になる	stürmen
寒い	kalt	過ごしやすい	freundlich	雪が降る	schneien

文法コラム

● 非人称主語 es

代名詞 es は特定の人やものを指さない仮主語として用いることができます。

・天候・日時（es は省略不可）

　Es regnet.　　雨が降る。

　※動詞 regnen のなかにすでに「雨が」という主語がある。

　Es ist warm.　　暖かい。

　Es wird Nacht.　　夜になる。

　Es ist sieben.　　7時です。

・生理・心理現象（es は文頭以外では省略されます）

　Es ist mir kalt.　私は寒い。　　Mir ist kalt.

　Es kitzelt mich.　私はくすぐったい。　Mich kitzelt.

● müssen / dürfen ＋ 否定詞

・müssen ＋ nicht 「…する必要はない」（不必要）

　Es **muss nicht** gleich sein.　　それはすぐでなくてもよい。

・dürfen ＋ nicht 「…してはいけない」（禁止）

　Darf man hier **nicht** rauchen！　ここでタバコを吸ってはいけません。

 単語あれこれ

数詞　Zahlen

0	null						
1	eins	11	elf	21	einundzwanzig		
2	zwei	12	zwölf	22	zweiundzwanzig		
3	drei	13	dreizehn	23	dreiundzwanzig		
4	vier	14	vierzehn	24	vierundzwanzig		
5	fünf	15	fünfzehn	30	dreißig	90	neunzig
6	sechs	16	sechzehn	40	vierzig	100	[ein]hundert
7	sieben	17	siebzehn	50	fünfzig	1000	[ein]tausend
8	acht	18	achtzehn	60	sechzig	10000	zehntausend
9	neun	19	neunzehn	70	siebzig	100000	hunderttausend
10	zehn	20	zwanzig	80	achtzig	1000000	eine Million

1999年	neunzehnhundertneunundneunzig
2018年	zweitausendachtzehn
2018年に	im Jahre zweitausendachtzehn

四季　Jahreszeiten

春 r Frühling	夏 r Sommer	秋 r Herbst	冬 r Winter

月名　Monate

4月 r April	7月 r Juli	10月 r Oktober	1月 r Januar
5月 r Mai	8月 r August	11月 r November	2月 r Februar
6月 r Juni	9月 r September	12月 r Dezember	3月 r März

曜日　Wochentage

日曜日	r Sonntag	平日	r Werktag / r Alltag
月曜日	r Montag	平日に	werktags / alltäglich / wochentags
火曜日	r Dienstag	休日	r Ruhetag / r Feiertag
水曜日	r Mittwoch	週末	s Wochenende
木曜日	r Donnerstag	月末	s Monatsende
金曜日	r Freitag	年末	s Jahresende
土曜日	r Samstag (Sonnabend)		

時刻　Uhrzeit

朝の5時	um 5 früh	ちょうど7時	Punkt sieben
午後3時	um 3 nachmittags	正午少し過ぎ	kurz nach Mittag
夜の6時	um 6 nachts	何時に…？	Um wieviel Uhr …？

料理と飲み物　Speisen und Getränke

サラダ	r Salat	ビール	s Bier
スープ	e Suppe	ワイン	r Wein
パン	s Brot	コーラ	s Cola
ごはん	r Reis	アップルジュース	r Apfelsaft
麺料理	pl. Nudeln	オレンジジュース	r Orangensaft
ピザ	e Pizza	コーヒー	r Kaffee
スパゲッティ	pl. Spaghetti	紅茶	r Tee
アイスクリーム	s Eis	牛乳	e Milch

職業　Berufe

会社員	Angestellte	医者	Arzt / Ärztin
銀行員	Bankangestellte	看護師	Krankenpfleger / Krankenpflegerin
美容師	Friseur / Friseuse	教師	Lehrer / Lehrerin
調理師	Koch / Köchin	販売員	Verkäufer / Verkäuferin
警官	Polizist / Polizistin	介護士	Altenpfleger / Altenpflegerin
公務員	Beamte / Beamtin	事務員	Büroangestellte
弁護士	Anwalt / Anwältin	ホテル業	Hotelfachmann / Hotelfachfrau

家族　Familie

夫	r Mann	既婚である	verheiratet
妻	e Frau	未婚である	ledig
息子	r Sohn	両親	pl. Eltern
娘	e Tochter	義理の両親	pl. Schwiegereltern
兄・弟	r Bruder	祖父	r Großvater
姉・妹	e Schwester	祖母	e Großmutter

Lektion 7　Wien

形容詞の格変化　形容詞の名詞化

Fritz und Anna fahren am Wochenende nach Wien.

Wien hat viele traditionelle Cafés.

Anna: Dieses Café hat eine angenehme Atmosphäre.

　　　　Viele Menschen genießen ihren Kaffee.

Fritz: Ja, aber ein typisches Wiener Café ist nicht nur ein simples Lokal.

Anna: Was bedeutet das?

Fritz: Im Café hat man sowohl Rendezvous als auch Diskussionen.

Anna: Das finde ich interessant.

---

viel たくさん
angenehm 落ち着いた
r Kaffee コーヒー
simpel 単純な
sowohl... als auch~ ...も~も

traditionell 伝統的な
e Atmosphäre 雰囲気
typisch 典型的な
s Lokal 飲食店
s Rendezvous デート

s Café カフェ
genießen 楽しむ
Wiener ウィーンの
bedeuten 意味する
e Diskussion 議論

1. 形容詞の格変化
名詞を修飾する形容詞には語尾を付けます。

◆ 定冠詞(類)

	1格	2格	3格	4格
男	der schöne Platz	des schönen Platzes	dem schönen Platz	den schönen Platz
女	die schöne Zeit	der schönen Zeit	der schönen Zeit	die schöne Zeit
中	das schöne Buch	des schönen Buches	dem schönen Buch	das schöne Buch
複	die schönen Bücher	der schönen Bücher	den schönen Büchern	die schönen Bücher

◆ 不定冠詞(類)

	1格	2格	3格	4格
男	ein schöner Platz	eines schönen Platzes	einem schönen Platz	einen schönen Platz
女	eine schöne Zeit	einer schönen Zeit	einer schönen Zeit	eine schöne Zeit
中	ein schönes Buch	eines schönen Buches	einem schönen Buch	ein schönes Buch
複	meine schönen Bücher	meiner schönen Bücher	meinen schönen Büchern	meine schönen Bücher

◆ 無冠詞

	1格	2格	3格	4格
男	schöner Platz	schönen Platzes	schönem Platz	schönen Platz
女	schöne Zeit	schöner Zeit	schöner Zeit	schöne Zeit
中	schönes Buch	schönen Buches	schönem Buch	schönes Buch
複	schöne Bücher	schöner Bücher	schönen Büchern	schöne Bücher

2. 形容詞に語尾が付かない場合

◆ 述語的用法：主語の性質や状態を表す。sein, werdenと用います。

　　Sie ist schön.　彼女は美しい。

◆ 副詞的用法：

　　Sie singt schön.　彼女は上手に歌います。　　Danke schön！　どうもありがとう。

3. 形容詞の名詞化
形容詞は頭文字を大文字にすると名詞になります。

	1格	2格	3格	4格
男	der Schöne (美しい男性)	des Schönen	dem Schönen	den Schönen
女	die Schöne (美しい女性)	der Schönen	der Schönen	die Schöne
中	das Schöne (美しいもの)	des Schönen	dem Schönen	das Schöne
複	die Schönen (美しい人々)	der Schönen	den Schönen	die Schönen

● 不定冠詞(類)と無冠詞：中性はetwas「何か」，nichts「何…もない」と用います。

	1格	2格	3格	4格
男	ein Schöner	eines Schönen	einem Schönen	einen Schönen
女	eine Schöne	einer Schönen	einer Schönen	eine Schöne
中	etwas Schönes	—	etwas Schönem	etwas Schönes
複	Schöne	Schöner	Schönen	Schöne

Szenen 会話練習

1 意見を言う

A: Ist das die gestrige Zeitung?

B: Ja. Lies doch mal! Hier steht ein interessanter Artikel.

A: Hmm... hier geht es um *den neuen Gesetzesentwurf gegen Hass und Hetze im Internet*. Was meinst du dazu?

B: Das ist schwer zu sagen.

  Meiner Meinung nach braucht man *eine lebhafte Diskussion*.

A: *Genau. Da hast du Recht*.

語彙のヒント
- gestrig 昨日の   ● e Zeitung 新聞   ● stehen 載る   ● r Artikel 記事
- es geht um ＋4格 …のことが問題になっている   ● r Gesetzesentwurf 法案
- r Hass 憎悪   ● e Hetze 扇動、誹謗   ● meinen 思う
- dazu それについて〔da＋前置詞 zu〕   ● schwer zu sagen 言うのが難しい
- meiner Meinung nach 私の意見では   ● lebhaft 活発な   ● du hast Recht 君の言う通りだ

Aufgabe　　を置き換えて練習してみましょう。

❶ e Klimapolitik グローバルな (global) 気候政策　／　r Austausch 集中的な (intensiv) 意見交換　／
dagegen sein 反対だ

❷ e Flüchtlingspolitik ヨーロッパの (europäisch) 難民政策　／　e Entscheidung 迅速な (schnell) 決定　／
ganz deiner Meinung sein 君と全く同じ意見だ

2 人の特徴を説明する

A: Ist der *große* Mann dein Freund?

B: Welchen Mann meinst du?

A: Direkt *neben dem großen Blumentopf*. Er trägt *eine rote Krawatte*.

B: Ah, er ist nicht mein Freund. Er ist nur ein Bekannter von mir.

語彙のヒント　● groß 背の高い　● direkt すぐ近くの　● r Blumentopf 植木鉢
　　　　　　　● r Bekannte 知り合い〔形容詞変化〕

Aufgabe　　を置き換えて練習してみましょう。

❶ schlau 細身の　／　e Säule 白い (weiß) 柱の前　／　r Hut 黒い (schwarz) 帽子

❷ schick おしゃれな　／　s Plakat 青い (blau) ポスターの前　／　s Hemd 青い (blau) シャツ

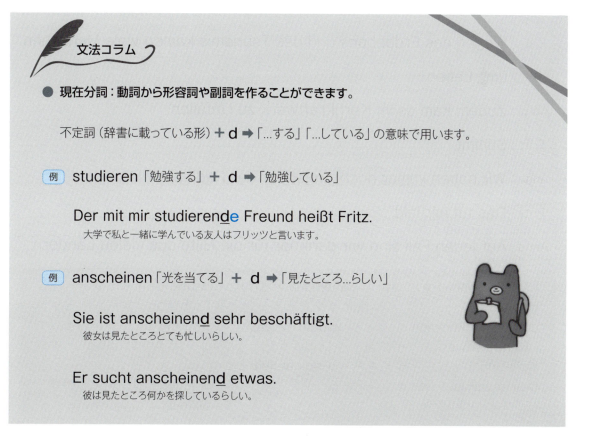

Lektion 8 Vergangenheit

動詞の過去形　過去人称変化

Fritz: Wo warst du am 11. März 2011?

Anna: Damals war ich in der Schule.

Fritz: Wegen des Erdbebens und des Tsunamis kamen viele Menschen ums Leben.

Anna: Zudem kam es im Kernkraftwerk zu Unfällen.

Fritz: Stimmt.

Anna: Wir haben immer noch Angst vor der Radioaktivität.

Fritz: Das tut mir leid.

Anna: Auf jeden Fall sind wir dankbar für die Hilfe aus vielen Ländern.

CD37

---

e Vergangenheit 過去　　am 11.(elften) März 2011(zweitausendelf) 2011年3月11日に
damals 当時　　　　e Schule 学校　　　　　　s Erdbeben 地震
ums Leben kommen 命を落とす　zudem それに加えて　es kommt zu... ...という事態になる
s Kernkraftwerk 原子力発電所　r Unfall 事故　　vor +3格 Angst haben ...が不安だ
immer noch いまだ　　　　　e Radioaktivität 放射能
Das tut mir leid. お気の毒に。(Es tut mir leid.)　　auf jeden Fall いずれにしても
für +4格 dankbar sein 感謝している　　　　　e Hilfe 助け

1. 動詞の過去形

◆ 規則変化動詞：語幹 ＋ te

　　　　leben 生きている　➡ lebte　　　　arbeiten 働く　➡ arbeitete

◆ 不規則変化動詞：巻末の不規則動詞変化表を参考にしてください。

　　　　gehen 行く　➡ ging　　　　kommen 来る　➡ kam
　　　　schlafen 眠る　➡ schlief　　　　sehen 見える　➡ sah
　　　　bringen 持ってくる　➡ brachte　　　　kennen 知っている　➡ kannte
　　　　wissen 知っている　➡ wusste

◆ 重要な不規則変化動詞

　　　　sein　➡ war　　　　haben　➡ hatte
　　　　werden　➡ wurde

2. 話法の助動詞の過去

　　　　können　➡ konnte　　　　müssen　➡ musste
　　　　dürfen　➡ durfte　　　　mögen　➡ mochte
　　　　wollen　➡ wollte　　　　sollen　➡ sollte

3. 過去形の人称変化

● 過去形は、主語が１人称単数と３人称単数のとき同じ形になります。

	leben	arbeiten	gehen	kommen	sein	können
ich	lebte	arbeitete	ging	kam	war	konnte
du	lebtest	arbeitetest	gingst	kamst	warst	konntest
er/sie/es	lebte	arbeitete	ging	kam	war	konnte
wir	lebten	arbeiteten	gingen	kamen	waren	konnten
ihr	lebtet	arbeitetet	gingt	kamt	wart	konntet
sie/Sie	lebten	arbeiteten	gingen	kamen	waren	konnten

4. 過去形の用法

CD38

● 過去形は、物語や報告文（歴史・日記・新聞）など、過去の出来事を客観的に伝える場合によく用いられます。

　　　　Es war einmal ein König.　昔むかしあるところにひとりの王様がいました。（物語）

　　　　Ich ging nach der Arbeit ins Kino.　私は仕事の後で映画を観に行った。（日記）

neununddreißig

Szenen　会話練習

1　過去の体験を話す

A: Wie war deine Schulzeit in Japan?

B: Tja, das war größtenteils schön. Aber wir mussten an der Mittel- und Oberschule Schuluniform tragen. Das fand ich total schrecklich.

A: Echt? Gab es noch andere Regeln?

B: Ja. Zum Beispiel durfte man *während des gesamten Schultages kein Handy benutzen*.

A: An meiner Schule waren *Handys* auch verboten.

語彙のヒント　● e Schulzeit 学生時代　● tja うーん、そうだなあ　● größtenteils 大部分は
● e Mittelschule 中学校　● e Oberschule 高校　● e Schuluniform 学校制服
● total 完全に　● schrecklich 嫌な　● e Regel 規則　● gesamt すべての
● r Schultag 授業日　● s Handy 携帯電話　● verboten 禁止される

Aufgabe　　　を置き換えて練習してみましょう。

❶ Schmuck tragen 校内で (in der Schule) アクセサリーを身につける　／
das Tragen von Schmuck アクセサリーの着用

❷ r Nebenjob machen アルバイトをする　／　pl. Nebenjobs アルバイト

2　体調について話す

A: Du warst gestern nicht da. Was fehlt dir denn?

B: Ich hatte *Fieber und Kopfschmerzen*.
Und *der Bauch* tat mir weh. Ich musste den ganzen Tag im Bett bleiben.

A: Wirklich? Du musst zum Arzt gehen! Gute Besserung!

語彙のヒント　● gestern 昨日　● nicht da いない　● fehlen + 3格（健康上必要なものが）…に欠けている
● s Fieber 熱　● pl. Kopfschmerzen 頭痛　● r Bauch お腹、胃腸　● weh tun 痛む
● den ganzen Tag 一日中　● zum Arzt gehen 医者に行く　● Gute Besserung お大事に

Aufgabe　　　を置き換えて練習してみましょう。

❶ kaum Appetit 食欲不振　／　pl. die Gelenke 関節

❷ Halsschmerzen のどの痛み　／　pl. alle Glieder 体じゅう

Übung　行ったことのある場所を答えてみましょう。

　CD41

Warst du schon mal im Ausland?
海外に行ったことある?

Wo warst du auf Klassenfahrt?
修学旅行でどこに行ったの?

Ich war einmal in England.
私は一度イギリスに行ったことがあります。

Ich war in Australien.
私はオーストラリアに行きました。

国　名

韓国	Korea	シンガポール	Singapur	フランス	Frankreich
台湾	Taiwan	オーストラリア	Australien	スイス	die Schweiz
中国	China	アメリカ	Amerika	オーストリア	Österreich
マレーシア	Malaysia	カナダ	Kanada	ドイツ	Deutschland

文法コラム

● 序数：日付や物の順序を表すときに用います。

1、3、7、8を除いて19までは基数の語尾に **-t**、20以上は語尾に **-st** を付けます。

ers**t**-	zwei**t**-	drit**t**-	vier**t**-	fünf**t**-
sechs**t**-	sieb**t**-	ach**t**-	neun**t**-	zehn**t**-
elf**t**-	zwölf**t**-	dreizehn**t**-	vierzehn**t**-	
fünfzehn**t**-	sechzehn**t**-	achtzehn**t**-	neunzehn**t**-	
zwanzig**st**-	dreißig**st**-	vierzig**st**-	fünfzig**st**-	
hundert**st**-	hunderter**st**-	tausend**st**-		

例　am fünfundzwanzig**st**en Dezember　12月25日に

vom sechzehn**t**en September bis vier**t**en Oktober　9月16日から10月4日まで

● 回数

einmal 一度　　　　　　　zweimal 二度　　　　　　　dreimal 三度
niemals 一度もない　　　　vielmals 何度も
zum ersten Mal 初めて　　zum letzten Mal 最後に

Lektion 9   Weihnachten

現在完了形　接続詞

CD42

Fritz: Wie war der Weihnachtsmarkt?

Anna: Es war schön, obwohl ich gefroren habe.

Fritz: Hast du Glühwein getrunken?

Anna: Natürlich, ich habe drei Becher Glühwein getrunken.

Fritz: Hast du das Christkind gesehen?

Anna: Ja, aber ich hatte gedacht, dass das Christkind ein echtes Kind ist, bevor ich es sah.

Fritz: Stimmt! Eine junge Frau spielt jedes Jahr das Christkind. Ich fahre morgen nach München, weil ab morgen bis 7. Januar Weihnachtsferien sind.

Anna: Frohe Weihnachten und einen guten Rutsch ins neue Jahr!

---

pl. Weihnachten クリスマス　　　r Weihnachtsmarkt クリスマス市　　　frieren 凍える
r Glühwein スパイス入りホットワイン　r Becher コップ　s Christkind 天使の姿をした子供
echt 本当の　bis 7.(siebten) Januar 1月7日まで　pl. Weihnachtsferien クリスマス休暇
Frohe Weihnachten! メリークリスマス　Einen Guten Rutsch ins neue Jahr! よいお年を

1. 過去分詞

◆ 規則変化動詞：ge ＋ 語幹 ＋ t

leben 自(h) 生きている → gelebt   arbeiten 自(h) 働く → gearbeitet

◆ 不規則変化動詞：巻末の不規則動詞変化表を参考にしてください。

gehen 自(s) 行く → gegangen   kommen 自(s) 来る → gekommen
schlafen 他(h) 眠る → geschlafen   sehen 他(h) 見える → gesehen
bringen 他(h) 持ってくる → gebracht   kennen 他(h) 知っている → gekannt
wissen 他(h) 知っている → gewusst   studieren 自(h) 勉強する → studiert

※ –ierenで終わる動詞の過去分詞にはgeが付きません。

2. 過去分詞のhaben支配とsein支配

- haben支配：すべての他動詞(4格の目的語を必要とする動詞)
  辞書にhaben, (h)と表記のある自動詞
- sein支配：辞書にsein, (s)と表記のある自動詞
  ※ sein支配は自動詞のうち「場所の移動」や「状態の変化」に関するものが多い。

3. 現在完了形

- 現在に関連する過去の出来事を伝えるときに用います。
  助動詞としてhaben, seinを用い、文末に過去分詞を置きます。

  Ich habe gestern fleißig gearbeitet.   私は昨日せっせと働いた。
  Ich bin vorgestern ins Kino gegangen. 私は一昨日映画を観に行った。

- sein, haben, werdenは、一般的に過去形を用います。

  Ich bin im Kino gewesen. → Ich war im Kino. 私は映画館にいた。
  Ich habe Zeit gehabt.   → Ich hatte Zeit.   私はひまだった。

4. 接続詞（並列・従属）

◆ 従属の接続詞：主文と副文をつなぎます。副文の頭に接続詞、文末に動詞を置きます。

als ...したとき   wenn ...するたびに、もし...なら   bevor ...する前に   nachdem ...した後で
solange ...するかぎり weil ...なので(未知の理由)   da ...なので(既知の理由)
ob ...かどうか   obwohl ...にもかかわらず   während ...のあいだ   dass ...ということ

◆ 並列の接続詞：主文と主文をつなぎます。接続詞のあとの語順に影響を与えません。

und そして   oder あるいは   denn ...なので(主観的な理由)
nicht ..., sondern ~ ...ではなく~   aber しかし

Szenen 会話練習

1 昨日のことを話す

A: Was hast du gestern gemacht?

B: Nachdem ich mit meinem Freund Hausaufgaben gemacht hatte, *sind wir einkaufen gegangen*. Und du?

A: Ich bin den ganzen Tag zu Hause geblieben, weil ich mir viele *DVDs* ausgeliehen habe.

B: Hast du *deinen neuen Lieblingsfilm* gefunden?

A: *„Der Himmel über Berlin" von Wim Wenders* hat mir sehr gut gefallen.

語彙のヒント
- einkaufen 買い物をする
- ausgeliehen ausleihen の過去分詞（☞第10課2.分離動詞）
- r Liebling お気に入り
- „Der Himmel über Berlin" 『ベルリン天使の詩』（1987年の映画）

Aufgabe　　　を置き換えて練習してみましょう。

❶ auswärts essen 外食をした ／ pl. Bücher 本を ／ s Lieblingbuch ／ „Die Verwandlung" von Franz Kafka カフカの『変身』

❷ Tanzen üben ダンスの練習をした ／ pl. CDs CDを ／ e LieblingsCD ／ „Requiem in d-Moll" von Mozart モーツァルトの『レクイエム』

2 過去のある時点のことを話す

A: Was hast du gemacht, als *das Erdbeben passiert ist*?

B: Ich *habe gerade in meinem Elternhaus Fernsehen geschaut*.

Ich hatte fürchterliche Angst.

語彙のヒント
- passieren 起こる
- s Elternhaus 実家
- s Fernsehen テレビ
- schauen 見る
- fürchterlich 恐ろしい、ものすごい

Aufgabe　　　を置き換えて練習してみましょう。

❶ passieren (s) 鉄道事故 (s Eisenbahnunglück) が起こった ／ auf dem Bahnsteig auf den nächsten Zug warten ホームで次の電車を待っていた

❷ geschehen (s) 大火 (der riesige Brand) が起こった ／ unterwegs sein 外出中だった

Übung　昨日したことを答えてみましょう。

Was hast du gestern gemacht?
昨日何をしていたの?

Gestern habe ich die Bibliothek besucht.
図書館に行ったよ。

家にいる	zu Hause bleiben	ユーチューブの動画を見る	YouTube Videos schauen
早く寝る	früh ins Bett gehen	部屋を掃除する	das Zimmer reinigen
街へ遊びに行く	durch die Stadt spazieren gehen	図書館に行く	die Bibliothek besuchen
外食する	mit +3格 auswärts essen	買い物に行く	einkaufen gehen
ドイツ語を勉強する	Deutsch lernen	課題をする	die Hausaufgaben machen
電話する	mit +3格 telefonieren		

文法コラム

● 過去完了形：過去の一時点より前の出来事を伝えるときに用います。

haben, seinの過去形 ＋ 過去分詞

Es kam anders, als ich gedacht hatte.
私が予想していたのとは違った事態になった。

Ich ging ins Kino, bevor ich meine Hausaufgabe noch nicht fertig gemacht hatte.
私は宿題を終える前に映画を観に行った。

● 助動詞の完了形：語順で意味が変わります。

Sie hat nach Hause gehen müssen.
彼女は家へ帰らなければならなかった。

Sie muss nach Hause gegangen sein.
彼女は家に帰ったにちがいない。

Lektion 10　Berlin

zu 不定詞句　分離動詞　非分離動詞

Fritz : Hast du am Wochenende etwas vor?

Anna : Ja, ich möchte die Museumsinsel besuchen.

　　　　Mein Wunsch ist es, das Ischtar-Tor zu sehen.

Fritz : Ich habe es einmal besichtigt.

Anna : Ich beneide dich!

Fritz : Das Tor steht im Pergamonmuseum.

Anna : Ich muss die Reise vorbereiten.

　　　　Ich möchte vormittags in Berlin ankommen.

Fritz : Okay, ich schaue im Internet nach.

Anna : Danke dir!

---

vor|haben 予定がある　　　　e Museumsinsel 博物館島　　r Wunsch 望み
s Ischtar-Tor イシュタル門　　besichtigen 見学する　　　　beneiden うらやむ
s Pergamonmuseum ペルガモン博物館　vor|bereiten 準備する　　vormittags 午前中に
nach|schauen 検索する

1. zu不定詞句:「...すること」　英語の to + 動詞の原形と同じ

- zu不定詞を句の最後に置きます。

   Echte Currywurst in Berlin zu essen ist mein Traum.
   　　　　　　　zu 不定詞句

   私の夢はベルリンで本場のカリーヴルストを食べることです。

- zu不定詞句を仮主語 es で先取りすることもできます。

   Es ist mein Traum, *echte Currywurst in Berlin zu essen.*

◆ um「...するために」、ohne「...することなしに」、statt「...する代わりに」

   Er ist nach Berlin gefahren, um echte Currywurst zu essen.

   彼は本場のカリーヴルストを食べるためにベルリンに行った。

2. 分離動詞　前つづり + 基礎動詞から構成される動詞

	前つづり		基礎動詞
auf|stehen　起きる ➡	auf	+	stehen
an|kommen　到着する ➡	an	+	kommen

- 語順に注意:前つづりを基礎動詞から離して文末に置きます。基礎動詞は主語に合わせて人称変化させます。

   Ich **stehe** immer früh **auf**.　　私はいつも早起きです。
   Stehst du immer früh **auf**?　君はいつも早起きなの?
   Wann **stehst** du immer **auf**?　君はいつも何時に起きるの?

- 助動詞 + 分離動詞の場合は前つづりは分離しません。　Ich muss immer früh **aufstehen**.

◆ 分離動詞の過去分詞:前つづり + 基礎動詞の過去分詞

   auf\|stehen ➡ aufgestanden　　an\|kommen ➡ angekommen

◆ zu + 分離動詞:前つづりと基礎動詞の間に zu を入れます。

   auf\|stehen ➡ aufzustehen　　an\|kommen ➡ anzukommen

3. 非分離動詞

- 分離しない前つづり (be-, emp-, ent-, er-, ge-, ver-, zer- など) + 基礎動詞

   Ich **verstehe** ein bisschen Deutsch.　私は少しドイツ語を理解している。
   Bekommen Sie schon etwas?　　　　　ご注文はお済みですか。

- 非分離動詞の過去分詞:前つづりと基礎動詞の間に ge を入れません。verstehen ➡ verstanden
- zu + 非分離動詞:前つづりと基礎動詞の間に zu を入れません。

   Ich lerne fleißig Deutsch, um dich **zu verstehen**.

   私は君のことを理解するために一生懸命ドイツ語を学びます。

Szenen 会話練習

1 目的について話す

A: Wann hast du angefangen, *Deutsch zu lernen*?

B: Seit fast anderthalb Jahren *lerne* ich *Deutsch*. Ich bin noch Anfänger.

A: Aber du *sprichst* sehr gut. Mit welcher Motivation *lernst* du *Deutsch*?

B: Ich will *nach Deutschland fahren*, um *an der Universität Musikgeschichte zu studieren*.

A: Ah, interessant.

語彙のヒント ● an|fangen 始める ● anderthalb 1と2分の1の ● r Anfänger 初心者
● e Motivation 動機づけ ● e Musikgeschichte 音楽史

Aufgabe ▢ を置き換えて練習してみましょう。

❶ Gitarre spielen ギターを演奏する ／
mit meinen Freunden eine Band gründen 友だちとバンドを組む ／
am Musikfestival teil|nehmen 音楽祭に参加するために

❷ イタリア語 (Italienisch) を勉強する ／
die staatliche Prüfung ab|legen 国家試験を受ける ／
als Übersetzer arbeiten 翻訳家として働くために

2 週末の予定について話す

A: Hör mal! Es soll am Wochenende *stürmen*.

B: Wirklich? Müssen wir dann zu Hause bleiben, statt *an den Strand zu fahren*?

A: Wie schade, dass *der Sturm* uns den Urlaub verdirbt.

語彙のヒント ● stürmen 嵐になる ● r Strand 浜辺 ● r Sturm 嵐 ● r Urlaub 休暇
● verderben＋3格＋4格 〜の…を台無しにする

Aufgabe ▢ を置き換えて練習してみましょう。

❶ gewittern 雷雨になる ／ ins Schwimmbad gehen プールへ行く ／ s Gewitter 雷雨

❷ stark regnen 大雨になる ／ am Ufer des Sees zelten 湖畔でキャンプをする ／
pl. Regenfälle 雨降り

Übung 時刻を答えてみましょう。

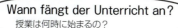

Wann fängt der Unterricht an?
授業は何時に始まるの？

Der Unterricht fängt um 9 Uhr an.
授業は9時に始まるよ

（1）搭乗（*s* Boarding）は何時に始まるの？
　　――12時45分

（2）街のガイドツアー（*e* Stadtführung）は何時に始まるの？
　　――10時半

文法コラム

● **分離・非分離で意味が変わる動詞**
動詞の中には分離・非分離で意味が変わるものがあります。

例　über|setzen（分離動詞）　　船で対岸へ渡す
　　übersetzen（非分離動詞）　翻訳する

Die Fähre hat mich an das andere Ufer übergesetzt.
　　フェリーは私を向こう岸へ運んだ。

Er hat das Buch ins Japanische übersetzt.
　　彼はその本を日本語に翻訳した。

Lektion 11　Seminararbeit

再帰動詞　形容詞と副詞の比較変化

Anna : Ich beschäftige mich jetzt mit meiner Seminararbeit. Ich muss mich beeilen.

Fritz : Worüber schreibst du?

Anna : Ich interessiere mich für den Schriftsteller Franz Kafka und seine Werke.

Fritz : Ich kann mich an *Die Verwandlung* erinnern.

Anna : *Die Verwandlung* ist wohl die bekannteste und am meisten zitierte Erzählung Kafkas.

Fritz : Meiner Meinung nach beziehen sich Kafkas Werke auf seine Zeit.

Anna : Ich bedanke mich bei dir für deine Ansicht.

---

e Seminararbeit ゼミのレポート　　sich⁴ beeilen 急ぐ　　r Schriftsteller 作家
s Werk 仕事、作品　　Die Verwandlung『変身』　　wohl おそらく
bekannt 有名な　　zitiert 引用された　　e Erzählung 短編小説
sich⁴ auf + 4格 beziehen …に関係がある　　e Zeit 時代
sich⁴ bei + 3格 für + 4格 bedanken ～に…の礼を述べる　　e Ansicht 意見

1. 再帰代名詞

- 再帰代名詞とは主語と同じ人あるいは事物を指す代名詞です。☞第2課：人称代名詞と比較

主語	ich	du	er/sie/es	wir	ihr	sie/Sie
3格	mir	dir	sich	uns	euch	sich
4格	mich	dich	sich	uns	euch	sich

2. 再帰動詞

再帰代名詞を目的語とする動詞です。

例　vor|stellen

4格の場合：Er stellt *sich* vor.　　　　　　　　彼は自己紹介をする。
　　　　　Er stellt ihn dir vor.　　　　　　　　彼は君に（別の）彼を紹介する。
3格の場合：Das kann ich *mir* gar nicht vorstellen.　　それは私にはとても想像できない。
　　　　　Das stelle ich ihm vor.　　　　　　　私は彼にそのことを想像させる。

◆ 特定の前置詞と結びつく再帰動詞

$sich^4$ für + 4格 interessieren　　…に興味がある　　　$sich^4$ mit + 3格 treffen　　…と（あらかじめ約束して）会う
$sich^4$ vor + 3格 fürchten　　…を恐れる　　　　　　$sich^4$ über + 4格 freuen　　（過去の事柄）を喜ぶ
$sich^4$ an + 4格 erinnern　　…を思い出す　　　　　$sich^4$ auf + 4格 freuen　　（将来の事柄）を楽しみにする
$sich^4$ um + 4格 sorgen　　…を心配する　　　　　　$sich^4$ an + 3格 freuen　　（現在の事柄）を楽しむ
$sich^4$ mit + 3格 beschäftigen　　…に取り組む、…とかかわり合う

3. 形容詞と副詞の比較変化

- 比較級は語尾に -er, 最上級は語尾に -st を付けます。母音 a, o, u はよくウムラオトになります。

原級	klein	lang	alt	groß	nah	hoch	gut	viel	gern 副
比較級	kleiner	länger	älter	größer	näher	höher	besser	mehr	lieber
最上級	kleinst	längst	ältest	größt	nächst	höchst	best	meist	am liebsten

◆ 原級の比較表現：**so ＋ 原級 ＋ wie…**　「…と同じほど〜だ」

　　　　　Sie ist so alt wie ich.　　彼女は私と同い年です。

◆ 比較級の比較表現：**比較級 ＋ als…**　「…よりも〜だ」
　　　　　　　　　　Je ＋ 比較級, desto ＋ 比較級　「…すればするほど、いっそう〜」
　　　　　　　　　　immer ＋ 比較級、比較級 ＋ und ＋ 比較級　「ますます…」

　　　　　Sie ist älter als ich.　　彼女は私より年上です。

◆ 最上級の比較表現：**定冠詞 ＋ 〜ste(n)／am 〜sten**　「いちばん…」
　　　　　　　　　　☞形容詞の比較級・最上級を名詞とともに用いる場合は、第7課の形容詞の格変化を参照

　　　　　Sie ist die älteste (am ältesten) von uns.　　彼女は私たちのうちで最年長です。

Szenen 会話練習

1 関心について話す

A: Wofür interessieren Sie sich?

B: Ich interessiere mich für *Fairtrade-Produkte*.

A: Und was hat Ihr Interesse dafür geweckt?

B: Ich möchte *mich mit den Problemen in den Entwicklungsländern beschäftigen*.

Ich träume davon, *bei einer Handelsfirma zu arbeiten*.

語彙のヒント
- wofür ...について
- pl. Fairtrade-Produkte フェアトレード製品
- s Interesse 関心
- wecken 呼び起こす
- pl. Entwicklungsländer > s Entwicklungsland 発展途上国
- von + 3格 träumen ...のことを夢見る
- e Handelsfirma 商社

Aufgabe ▭を置き換えて練習してみましょう。

❶ Tourismuswissenschaft 観光学 ／
zu + 3格 bei|tragen 地域の活性化 (e Regionalentwicklung) に貢献したい ／
im Reisebüro arbeiten 旅行会社で働くこと

❷ Katastrophenschutz 防災対策 ／ Unglücke verhindern 災害を未然に防ぎたい ／
Geologe / Geologin werden 地質学者になること

2 楽しみにしていることについて話す

A: Gestern habe ich meine Großmutter im Krankenhaus besucht.

Sie hat sehr fröhlich ausgesehen.

B: Schön! Es geht ihr schon wieder besser?

A: Ja. Sie freut sich schon darauf, *im November aus dem Krankenhaus entlassen zu werden*.

B: Ich bin froh, dass ihr nichts passiert ist.

語彙のヒント
- s Krankenhaus 病院
- fröhlich 嬉しい
- aus|sehen ...の様子である
- entlassen 去らせる
- froh 安心する

Aufgabe ▭を置き換えて練習してみましょう。

❶ im Dezember den Weihnachtsmarkt besuchen 12月にクリスマスマーケットに行くこと

❷ am Jahresende Silvester feiern 年末に大晦日のお祝いをすること

Übung 楽しみな予定について答えてみましょう。

Worauf freust du dich in den Winterferien?
冬休みに何をするのが楽しみ？

Ich freue mich darauf, meine Freundinnen wiederzusehen.
友達に再会するのが楽しみだよ。

語学コースに参加する	am Sprachkurs teil|nehmen	登山をする	auf einen Berg steigen
ドイツに旅行する	nach Deutschland reisen	スノーボードをする	Snowboard fahren
帰省する	heim|kehren	新しい服を買う	neue Kleidung kaufen
年越しパーティーをする	eine Silvesterparty geben	友だちに再会する	meine Freunde / meine Freundinnen wieder|sehen
温泉に入る	in die Therme gehen		

文法コラム

● **da ＋ 前置詞**：先行する名詞を受けることができます。

Ich habe einen Kuli. Ich schreibe **damit**. （damit は mit ihm の代わり）
私はボールペンを持っています。私はそれで書きます。

後続の zu 不定詞句、dass 節を受けることもできます。

Ich freue mich **darauf**, dich zu sehen.
君に会えることを楽しみにしています。

● **wo ＋ 前置詞**：was に前置詞が付くときは wo を用います。

Wofür interessieren Sie sich?
あなたは何に興味がありますか。

Worüber hast du gesprochen?
何について話していたの？

融合形の例（da- / wo-）

daran	darauf	daraus	dabei	dadurch
dagegen	darin	damit	danach	darunter
darüber	darum	davon	davor	dazu

※母音で始まる前置詞は **dar-** / **wor-** と融合する。

Lektion 12 Wohnung

動作受動　状態受動

Anna : Wie teuer ist die Miete?
Fritz : 250 Euro pro Monat. Warum fragst du?
Anna : Ich suche ein Zimmer, weil ich weiter an der Uni studieren möchte.
Fritz : Ich wohne in einer WG.
Anna : Sind die Nebenkosten im Preis enthalten?
Fritz : Nein, 30 Euro werden zusätzlich für Wassergebühr, Stromkosten usw. verlangt. In einer WG werden Badezimmer, Küche und Wohnzimmer gemeinsam genutzt.
Anna : Wie viele Mitbewohner hast du?
Fritz : Ich wohne im Moment mit zwei weiteren Mitbewohnern zusammen.
Anna : Das finde ich interessant.

e Wohnung 住まい	Wie teuer ...? ...はいくらですか?	e Miete 家賃
pro Monat ひと月あたり	s Zimmer 部屋	weiter さらに
e WG = Wohngemeinschaft シェアハウス	pl. Nebenkosten 雑費	r Preis 値段
in+4格 enthalten sein ...に含まれている	zusätzlich 追加の	e Wassergebühr 水道料金
pl. Stromkosten 光熱費	usw = und so weiter などなど	verlangen 請求する
s Badezimmer 浴室	e Küche 台所	s Wohnzimmer リビング
gemeinsam 共同の、共同で	nutzen 利用する	r Mitbewohner 同居人
im Moment いまは	zusammen 一緒に	

1. 受動態のポイント

- 動作受動「...される」と状態受動「...されている」があります。動作主を示さなくてもいいためアカデミックな文章によく用いられます。
- 基本的に他動詞（4格目的語をとる動詞）から受動文を作ります。能動文における4格目的語だけが受動文の主語になります。

2. 動作受動

- 助動詞としてwerdenを用い、文末に過去分詞を置きます。

例 backen 〔他動詞〕

能動文 ➡ Er **backt** seiner Frau einen Kuchen.
彼はケーキを焼く。

受動文 ➡ Der Kuchen **wird** von ihm für seine Frau **gebacken**.
※動作の主体に意志がある場合は **von ＋3格**（意志がない場合は **durch ＋4格**）

◆ 受動文の現在完了形

➡ Der Kuchen **ist** von ihm für seine Frau **gebacken worden**.
※gewordenとはならない。

◆ 自動詞の受動文：esを仮主語として用いるか、主語がない文になり、動作や行為そのものに焦点があたる。

例 arbeiten 〔自動詞〕

能動文 ➡ Am Sonntag **arbeitet** man nicht.
日曜には仕事をしない。

受動文 ➡ Es **wird** am Sonntag nicht **gearbeitet**.
Am Sonntag **wird** nicht **gearbeitet**.
日曜は仕事が休みである。

3. 状態受動

- 助動詞としてseinを用い、文末に過去分詞を置きます。

例 öffnen 〔他動詞〕

状態受動 ➡ Die Bibliothek **ist** von 9 bis 18 Uhr **geöffnet**.
図書館は9時から18時まで開いている。

動作受動 ➡ Die Bibliothek **wird** um 9 Uhr **geöffnet**.
図書館は9時に開く。

4. その他の受動表現

sein ＋ zu不定詞：「...されうる」（受動の可能）、「...されるべき」（受動の義務）

sich ＋ 他動詞 ＋ lassen：「...されうる」（受動の可能）

Szenen　会話練習

1　規則について話す

A: Du darfst im Wohnzimmer die Wäsche nicht aufhängen. Hier wird gegessen.

B: Oh, Entschuldigung. Gibt es im Studentenheim noch andere Regeln?

A: *Das Badezimmer* steht für alle Mitbewohner rund um die Uhr zur Verfügung. Aber *es* muss immer *aufgeräumt werden*.

B: Alles klar. Ist das Rauchen im ganzen Gebäude verboten?

A: Ja, natürlich.

語彙のヒント
- e Wäsche〔ふつう単数で〕洗濯物
- auf|hängen 掛ける
- s Studentenheim 学生寮
- rund um die Uhr 24時間
- 4格 zur Verfügung stehen …を自由に使用できる
- auf|räumen 片付ける
- s Rauchen 喫煙

Aufgabe　　　　を置き換えて練習してみましょう。

❶ e Küche キッチン ／ putzen 掃除する　　❷ e Waschküche 洗濯室 ／ rein|halten 清潔にする

2　歴史について話す

A: Schau mal! *Der Platz* wurde nach *den Geschwistern Hans und Sophie Scholl* benannt. Kennst du *sie*?

B: Ja. *Beide wurden* bekannt als *Mitglieder der „Weißen Rose", einer Gruppe gegen den Nationalsozialismus*.

A: Du kennst dich echt gut aus!

語彙のヒント
- s Geschwister 兄弟姉妹
- nach + 3格 benennen …にちなんで名付ける
- beide ふたり
- s Mitglied メンバー
- e „Weiße Rose"「白バラ」(グループ名)
- r Nationalsozialismus 国家社会主義、ナチズム
- sich⁴ aus|kennen 事情に通じている

Aufgabe　　　　を置き換えて練習してみましょう。

❶ e Universität この大学 ／ Humboldt フンボルト ／
Linguist und preußischer Diplomat 言語学者、プロイセンの外交官

❷ e Karlsbrücke カレル橋 ／ Kaiser Karl IV. 皇帝カール四世 ／
Kaiser des Heiligen Römischen Reiches im 14. Jahrhundert 14世紀の神聖ローマ帝国皇帝

Übung 営業時間を答えてみましょう。

Bis wann ist der Laden geöffnet?
このお店は何時まで開いているの？

Der Laden ist ...
このお店は...

(1) 24時間 (rund um die Uhr) 開いている

(2) 20時に (ab 20 Uhr) 閉店する (geschlossen)

文法コラム

● 過去分詞

現在分詞と同様、過去分詞も形容詞として用いることができます。☞ Lektion7 現在分詞を参照

「〜した」（過去）／「〜された」（受動）

Der mit mir **studierte** Freund heißt Fritz.
大学で私と一緒に学んだ友人はフリッツと言います。

Der von meiner Mutter **gebackene** Kuchen ist Gugelhopf.
私の母によって焼かれたケーキはクグロフです。

● 非人称主語 es の熟語的表現

Wie geht **es** dir? 元気？　　Danke, **es** geht mir gut. ありがとう。元気だよ。

es geht um ＋4格 「...が大事である」
es gibt ＋4格 「...がある」
es kommt auf ＋4格 an [⇐an|kommen] 「...が重要である」
es handelt sich um ＋4格 「...が問題である」

Lektion 13　Abschiedsparty

接続法第Ⅰ式　接続法第Ⅱ式

Anna: Wenn meine Heimat Deutschland wäre, müsste ich nicht so lange fliegen.

Fritz: Aber würde dir dann nicht das japanische Essen fehlen?

Anna: Doch, das würde ich sicher vermissen. Für die Abschiedsparty bereite ich Sushi zu. Könntest du mir beim Kochen helfen?

Fritz: Ja, ich helfe dir gerne!

Anna: Danke, ich brauche noch Stäbchen und Geschirr.

Fritz: Ich habe Besteck für einige Personen.

Anna: Oh! Könntest du mir das leihen?

Fritz: Ja, natürlich.

---

e Abschiedsparty 送別会　　　e Heimat 故郷　　　lange 長い時間
fliegen 飛行機で行く　　s Essen 食べ物　　fehlen+3格 …にとってなくて寂しい
sicher たしかに　　vermissen+4格 …をほしいと思う　　zu|bereiten 用意する
beim Kochen helfen 料理の手伝いをする　　pl. Stäbchen 箸　　s Geschirr 食器
s Besteck ナイフ・フォーク・スプーン　　leihen 貸す

1. 接続法の作り方

- これまで学習した動詞の形は<u>直説法</u>と呼ばれ、事実を述べる際に用います。事実ではないかもしれない事柄を述べる際は、<u>接続法</u>を用います。

  接続法第Ⅰ式（間接話法・要求話法） ➡ 動詞の直説法現在をもとに作ります。
  接続法第Ⅱ式（非現実話法・外交話法） ➡ 動詞の直説法過去をもとに作ります。

  ※ただし時制は第Ⅰ式も第Ⅱ式も現在です。

	sein		haben		werden		gehen	
	第Ⅰ式	第Ⅱ式	第Ⅰ式	第Ⅱ式	第Ⅰ式	第Ⅱ式	第Ⅰ式	第Ⅱ式
ich	sei	wäre	habe	hätte	werde	würde	gehe	ginge
du	seiest	wärest	habest	hättest	werdest	würdest	gehest	gingest
er/sie/es	sei	wäre	habe	hätte	werde	würde	gehe	ginge
wir	seien	wären	haben	hätten	werden	würden	gehen	gingen
ihr	seiet	wäret	habet	hättet	werdet	würdet	gehet	ginget
sie/Sie	seien	wären	haben	hätten	werden	würden	gehen	gingen

2. 接続法第Ⅰ式の用法

 CD63

- ◆ 間接話法：他人の発言や考えを引用符なしで引用するための表現方法です。

  直説法 ➡ Sie sagt: „Ich gehe zum Arzt."
  　　　　彼女は「私は医者に行く」と言っている。

  接続法 ➡ Sie sagt, sie gehe zum Arzt.
  　　　　彼女は医者に行くと言っている。

- 過去の出来事を接続法で言い換える時は完了形を用います。

  直説法 ➡ Sie sagte: „Ich ging zum Arzt."
  　　　　彼女は「私は医者に行った」と言った。

  接続法 ➡ Sie sagte, sie sei zum Arzt gegangen.
  　　　　彼女は医者に行ったと言った。

- ◆ 要求話法：3人称の相手に対して要求またはお願いするための表現方法です。

  　　　Gott sei Dank!
  　　　　ああよかった。（神に感謝）

3. 接続法第Ⅱ式の用法

- ◆ 非現実話法：英語の仮定法にあたる表現方法
  従属の接続詞wenn「もし…なら」とともに用います。

  Wenn sie gesund wäre, müsste sie nicht zum Arzt gehen.
  　もし元気なら、彼女は医者に行く必要はないのになあ。（彼女は元気ではない）

- 助動詞würdenを用いると、簡単に非現実の文を作ることができます。

  Wenn ich im Lotto gewinnen würde, würde ich durch die Welt reisen.
  　もし宝くじが当たったら、世界中を旅行するだろう。

neunundfünfzig

Szenen 会話練習

1 丁寧に依頼する

A: Entschuldigen Sie bitte, ist dieser Platz besetzt?

B: Nein, hier ist noch frei.

A: Ah, danke schön. Würde es Ihnen etwas ausmachen, wenn ich *den Sitz nach hinten lehne*?

B: Bitte, bitte. Das stört mich nicht.

A: Das ist sehr nett von Ihnen.

語彙のヒント
- besetzen ふさぐ、確保する
- aus|machen 支障がある
- r Sitz 座席
- hinten 後ろに
- lehnen もたせかける
- stören 邪魔をする

Aufgabe　　　　を置き換えて練習してみましょう。

❶ das Fenster auf|machen 窓を開ける　❷ hier meinen Koffer ab|stellen ここに荷物を置く

2 ニュースの内容について話す

A: Übrigens, woher erfährst du von aktuellen Nachrichten?

B: Meistens im Internet. Ich habe auf meinem Handy eine Nachrichten-App installiert. Schau mal!

A: Ah, das sieht nützlich aus. Was steht auf der Startseite?

B: Hier wird man über *das Wetter* informiert. *Der Wetterbericht* meldet, *das Wetter werde heute wieder besser*.

語彙のヒント
- übrigens ところで
- erfahren 知る
- aktuell 現在の
- pl. Nachrichten ニュース
- meistens たいてい
- e Nachrichten-App ニュースアプリ
- nützlich 役に立つ
- e Startseite トップページ
- informieren 情報を提供する
- r Wetterbericht 天気予報

Aufgabe　　　　を置き換えて練習してみましょう。

❶ e Politik 政治 ／ die neuesten Nachrichten 最新のニュース ／ r Bundestag 連邦議会 ／ die Einführung der Homoehe beschließen 同性婚の導入を決定した

❷ e Wahl 選挙 ／ die heutige Zeitung 本日の新聞 ／ e Wahlbeteiligung 選挙の投票率 ／ bei rund 51 Prozent liegen 51％だった

文法コラム

● 外交話法

接続法第Ⅱ式を用いた丁寧な表現方法です。

直説法：Ich habe eine Bitte an Sie.　あなたにお願いがあります。

接続法：Ich **hätte** eine Bitte an Sie.　よろしければお願いを聞いていただけませんでしょうか。
　　　　　　　　　　　　　　　　　（難しいようでしたら構いませんというニュアンスが含まれている）

　　werden ➡ Ich **würde** Sie gerne begleiten.　喜んでお供いたします。

　　können ➡ **Könnten** Sie mir bitte das Salz reichen？
　　　　　　　　　　　　　　　　　　　　　　　　塩をとってくださいませんか。

● 時を表す副詞的４格

　一度限りの時：nächsten Samstag「来週の土曜日」 diesen Morgen「今朝」

　　　　　　　　letzte Woche「先週」

　反復する時：　jeden Tag「毎日」　jeden Abend「毎晩」

　時の継続：　　einige Woche「二、三週間」　den ganzen Tag「一日中」

　　　　　　　　eine Zeit lang「しばらくの間」

巻末補足

指示代名詞　定関係代名詞　不定関係代名詞　関係副詞
名詞の複数形パターン　男性弱変化名詞　相関接続詞

1. 指示代名詞

- 指示代名詞の形は2格と複数3格を除いて定冠詞と同じで、性・数・格により次のように変化します。同語反復を避けるために用います。人称代名詞より指示性が強いため、文中ではアクセントを付けて発音します。

	1格	2格	3格	4格
男性名詞	der	dessen	dem	den
女性名詞	die	deren	der	die
中性名詞	das	dessen	dem	das
複数形	die	deren	denen	die

Hast du dir diesen Film schon angesehen?　　この映画はもう観た？
Ja, den habe ich mir schon angesehen.　　うん、もう観たよ。
※指示性が強いので文頭に置かれます。

2. 定関係代名詞

- 関係代名詞の形は指示代名詞と同じです。性・数は先行詞と一致し、格は関係文中の役割に応じて決まります。

der Film, der in München gedreht wurde　　ミュンヘンで撮影された映画
　　　　　 dessen Regisseur berühmt ist　　監督が有名な映画
　　　　　 bei dem man sicherlich weint　　泣ける映画
　　　　　 den man hoch schätzt　　高く評価されている映画

3. 不定関係代名詞

- wer「～する人」, was「～すること」

Wer eine Frage hat, soll zu mir kommen.　　質問がある人は私のところに来てください。
Was ich dir gesagt habe, bleibt unter uns.　　私が君に言ったことは秘密だよ。
Alles, was ich dir gesagt habe, bleibt unter uns.　　私が君に言ったことはすべて秘密だよ。

4. 関係副詞

- 場所を指す名詞はwoを用いて関係文を作ることができます。

Die Stadt, wo (＝in der) ich geboren wurde, liegt an der Donau.
私が生まれた街はドナウ川のほとりにある。

5. 名詞の複数形パターン

- 複数形には次の5つのパターンがあります。辞書の表記に従って単数形から変化させましょう。

辞書の表記	単数形		複数形	
無語尾型	der Lehrer	das Mädchen	die Lehrer	die Mädchen
-e 型	das Heft	der Zug	die Hefte	die Züge
-er 型	das Kind	das Buch	die Kinder	die Bücher
-n , -en 型	die Schwester	die Zeit	die Schwestern	die Zeiten
-s 型	die CD	das Hobby	die CDs	die Hobbys

※ -e型は男性名詞、-er型は中性名詞、-n , -en型は女性名詞、-s型は外来語に多く見られます。
※外来語のなかでもラテン語やギリシア語に由来するものは特殊な変化をする場合があります。

例 das Museum 博物館 ➡ die Museen   das Thema テーマ ➡ die Themen

6. 男性弱変化名詞

辞書に (-en / -en) もしくは (-n / -n) とある男性名詞

	1格	2格	3格	4格
Student (-en/-en)	der Student	des Studenten	dem Studenten	den Studenten

※この変化は、人を表す名詞(Mensch「人間」、Student「学生」、Junge「少年」)や動物を表す名詞(Löwe「ライオン」、Affe「猿」)に多く見られます。

7. 相関接続詞

- 接続詞の中には特定の語と組み合わせて使うものがあります。

nicht ..., sondern ~ ...ではなく~   nicht nur ..., sondern auch ~ ...だけでなく~もまた
zwar ..., aber ~ たしかに...ではあるが、しかし~   sowohl ... als auch ~ ...も~も
entweder ... oder ~ ...か~か   weder ... noch ~ ...も~もない

Ich habe gerade nicht nur Zeit, sondern auch Geld.
　私はちょうど時間があるだけでなくお金もあります。
Ich habe gerade weder Zeit noch Geld. 私はあいにく時間もお金もありません。
Ich muss mich entweder für Geld oder für Zeit entscheiden.
　私はお金か時間か決めなければなりません。

著者紹介
児玉麻美（こだま　あさみ）
　　愛媛大学専任講師
松浦翔子（まつうら　しょうこ）
　　京都府立大学ほか非常勤講師
Johanna Spieler-Keil（ヨハンナ・シュピーラー=カイル）
　　京都府立大学、レーゲンスブルク大学非常勤講師
青地伯水（あおじ　はくすい）
　　京都府立大学教授

プラクシス　初級ドイツ語会話クラス（CD付）

2018年 3月 1日　印刷
2018年 3月10日　発行

著　者 ⓒ
児　玉　麻　美
松　浦　翔　子
ヨハンナ・シュピーラー=カイル
青　地　伯　水

発行者　　及　川　直　志
印刷所　　研究社印刷株式会社

発行所
101-0052東京都千代田区神田小川町3の24
電話 03-3291-7811（営業部），7821（編集部）
http://www.hakusuisha.co.jp
乱丁・落丁本は、送料小社負担にてお取り替えいたします。

株式会社 白水社

振替 00190-5-33228　　　　　　　　　　　　株式会社島崎製本

ISBN978-4-560-06422-1
Printed in Japan

▷本書のスキャン、デジタル化等の無断複製は著作権法上での例外を除き禁じられています。本書を代行業者等の第三者に依頼してスキャンやデジタル化することはたとえ個人や家庭内での利用であっても著作権法上認められていません。

不規則変化動詞

不定詞	過去基本形	過去分詞	直説法現在	接続法II
befehlen 命じる	**befahl**	**befohlen**	ich befehle du befiehlst er befiehlt	beföhle/ befähle
beginnen 始める, 始まる	**begann**	**begonnen**		begänne/ 稀 begönne
beißen 噛む	**biss** du bissest	**gebissen**		bisse
biegen 曲がる(s); 曲げる(h)	**bog**	**gebogen**		böge
bieten 提供する	**bot**	**geboten**		böte
binden 結ぶ	**band**	**gebunden**		bände
bitten 頼む	**bat**	**gebeten**		bäte
blasen 吹く	**blies**	**geblasen**	ich blase du bläst er bläst	bliese
bleiben とどまる(s)	**blieb**	**geblieben**		bliebe
braten (肉を)焼く	**briet**	**gebraten**	ich brate du brätst er brät	briete
brechen 破れる(s); 破る(h)	**brach**	**gebrochen**	ich breche du brichst er bricht	bräche
brennen 燃える, 燃やす	**brannte**	**gebrannt**		brennte
bringen もたらす	**brachte**	**gebracht**		brächte
denken 考える	**dachte**	**gedacht**		dächte
dringen 突き進む(s)	**drang**	**gedrungen**		dränge

不定詞	過去基本形	過去分詞	直説法現在	接続法 II
dürfen …してもよい	**durfte**	**gedurft/ dürfen**	ich darf du darfst er darf	dürfte
empfehlen 勧める	**empfahl**	**empfohlen**	ich empfehle du empfiehlst er empfiehlt	empföhle/ empfähle
essen 食べる	**aß**	**gegessen**	ich esse du isst er isst	äße
fahren (乗物で)行く (s, h)	**fuhr**	**gefahren**	ich fahre du fährst er fährt	führe
fallen 落ちる(s)	**fiel**	**gefallen**	ich falle du fällst er fällt	fiele
fangen 捕える	**fing**	**gefangen**	ich fange du fängst er fängt	finge
finden 見つける	**fand**	**gefunden**		fände
fliegen 飛ぶ(s, h)	**flog**	**geflogen**		flöge
fliehen 逃げる(s)	**floh**	**geflohen**		flöhe
fließen 流れる(s)	**floss**	**geflossen**		flösse
fressen (動物が)食う	**fraß**	**gefressen**	ich fresse du frisst er frisst	fräße
frieren 寒い, 凍る (h, s)	**fror**	**gefroren**		fröre
geben 与える	**gab**	**gegeben**	ich gebe du gibst er gibt	gäbe
gehen 行く(s)	**ging**	**gegangen**		ginge
gelingen 成功する(s)	**gelang**	**gelungen**	es gelingt	gelänge
gelten 通用する	**galt**	**gegolten**	ich gelte du giltst er gilt	gälte/ gölte

不定詞	過去基本形	過去分詞	直説法現在	接続法 II
genießen 楽しむ	**genoss** du genossest	**genossen**		genösse
geschehen 起こる(s)	**geschah**	**geschehen**	es geschieht	geschähe
gewinnen 得る	**gewann**	**gewonnen**		gewönne/ gewänne
gießen 注ぐ	**goss** du gossest	**gegossen**		gösse
gleichen 等しい	**glich**	**geglichen**		gliche
gr<u>a</u>ben 掘る	**gr<u>u</u>b**	**gegr<u>a</u>ben**	ich grabe du gräbst er gräbt	grübe
greifen つかむ	**griff**	**gegriffen**		griffe
h<u>a</u>ben 持っている	**hatte**	**gehabt**	ich habe du hast er hat	hätte
halten 保つ	**hielt**	**gehalten**	ich halte du hältst er hält	hielte
hängen 掛かっている	**hing**	**gehangen**		hinge
h<u>e</u>ben 持ちあげる	**h<u>o</u>b**	**geh<u>o</u>ben**		höbe
heißen …と呼ばれる	**hieß**	**geheißen**		hieße
helfen 助ける	**half**	**geholfen**	ich helfe du hilfst er hilft	hülfe/ 稀 hälfe
kennen 知っている	**kannte**	**gekannt**		kennte
klingen 鳴る	**klang**	**geklungen**		klänge
kommen 来る(s)	**k<u>a</u>m**	**gekommen**		käme

不定詞	過去基本形	過去分詞	直説法現在	接続法 II
können …できる	**konnte**	**gekonnt/ können**	ich kann du kannst er kann	könnte
kriechen はう (s)	**kroch**	**gekrochen**		kröche
laden 積む	**lud**	**geladen**	ich lade du lädst er lädt	lüde
lassen …させる, 放置する	**ließ**	**gelassen/ lassen**	ich lasse du lässt er lässt	ließe
laufen 走る, 歩く (s, h)	**lief**	**gelaufen**	ich laufe du läufst er läuft	liefe
leiden 苦しむ	**litt**	**gelitten**		litte
leihen 貸す, 借りる	**lieh**	**geliehen**		liehe
lesen 読む	**las**	**gelesen**	ich lese du liest er liest	läse
liegen 横たわっている	**lag**	**gelegen**		läge
lügen 嘘をつく	**log**	**gelogen**		löge
meiden 避ける	**mied**	**gemieden**		miede
messen 計る	**maß**	**gemessen**	ich messe du misst er misst	mäße
mögen 好む	**mochte**	**gemocht/ mögen**	ich mag du magst er mag	möchte
müssen …しなければ ならない	**musste**	**gemusst/ müssen**	ich muss du musst er muss	müsste
nehmen 取る	**nahm**	**genommen**	ich nehme du nimmst er nimmt	nähme
nennen 名づける	**nannte**	**genannt**		nennte

不定詞	過去基本形	過去分詞	直説法現在	接続法 II
preisen 称賛する	**pries**	**gepriesen**		priese
raten 助言する	**riet**	**geraten**	ich rate du rätst er rät	riete
reißen 裂ける(s); 裂く(h)	**riss** du rissest	**gerissen**		risse
reiten 馬で行く(s, h)	**ritt**	**geritten**		ritte
rennen 駆ける(s)	**rannte**	**gerannt**		rennte
riechen におう	**roch**	**gerochen**		röche
rufen 呼ぶ, 叫ぶ	**rief**	**gerufen**		riefe
schaffen 創造する	**schuf**	**geschaffen**		schüfe
scheiden 分ける	**schied**	**geschieden**		schiede
scheinen 輝く, …に見える	**schien**	**geschienen**		schiene
schelten 叱る	**schalt**	**gescholten**	ich schelte du schiltst er schilt	schölte
schieben 押す	**schob**	**geschoben**		schöbe
schießen 撃つ, 射る	**schoss** du schossest	**geschossen**		schösse
schlafen 眠る	**schlief**	**geschlafen**	ich schlafe du schläfst er schläft	schliefe
schlagen 打つ	**schlug**	**geschlagen**	ich schlage du schlägst er schlägt	schlüge
schließen 閉じる	**schloss** du schlossest	**geschlossen**		schlösse

不定詞	過去基本形	過去分詞	直説法現在	接続法 II
schneiden 切る	**schnitt**	**geschnitten**		schnitte
***er*schrecken** 驚く	**erschrak**	**erschrocken**	ich erschrecke du erschrickst er erschrickt	erschräke
schreiben 書く	**schrieb**	**geschrieben**		schriebe
schreien 叫ぶ	**schrie**	**geschrie[e]n**		schriee
schreiten 歩む(s)	**schritt**	**geschritten**		schritte
schweigen 黙る	**schwieg**	**geschwiegen**		schwiege
schwimmen 泳ぐ(s, h)	**schwamm**	**geschwommen**		schwömme/ schwämme
schwören 誓う	**schwor**	**geschworen**		schwüre/ 稀 schwöre
sehen 見る	**sah**	**gesehen**	ich sehe du siehst er sieht	sähe
sein ある,存在する	**war**	**gewesen**	直説法現在　接続法 I ich bin　　sei du bist　　sei[e]st er ist・　　sei wir sind　　seien ihr seid　　seiet sie sind　　seien	wäre
senden 送る	**sandte/ sendete**	**gesandt/ gesendet**		sendete
singen 歌う	**sang**	**gesungen**		sänge
sinken 沈む(s)	**sank**	**gesunken**		sänke
sitzen 座っている	**saß**	**gesessen**		säße
sollen …すべきである	**sollte**	**gesollt/ sollen**	ich soll du sollst er soll	sollte

不定詞	過去基本形	過去分詞	直説法現在	接続法 II
sprechen 話す	**sprach**	**gesprochen**	ich spreche du sprichst er spricht	spräche
springen 跳ぶ(s, h)	**sprang**	**gesprungen**		spränge
stechen 刺す	**stach**	**gestochen**	ich steche du stichst er sticht	stäche
stehen 立っている	**stand**	**gestanden**		stünde/ stände
stehlen 盗む	**stahl**	**gestohlen**	ich stehle du stiehlst er stiehlt	stähle/ 稀 stöhle
steigen 登る(s)	**stieg**	**gestiegen**		stiege
sterben 死ぬ(s)	**starb**	**gestorben**	ich sterbe du stirbst er stirbt	stürbe
stoßen 突く(h); ぶつかる(s)	**stieß**	**gestoßen**	ich stoße du stößt er stößt	stieße
streichen なでる	**strich**	**gestrichen**		striche
streiten 争う	**stritt**	**gestritten**		stritte
tragen 運ぶ	**trug**	**getragen**	ich trage du trägst er trägt	trüge
treffen 出会う	**traf**	**getroffen**	ich treffe du triffst er trifft	träfe
treiben 駆りたてる	**trieb**	**getrieben**		triebe
treten 踏む(h); 歩む(s)	**trat**	**getreten**	ich trete du trittst er tritt	träte
trinken 飲む	**trank**	**getrunken**		tränke
tun する, 行う	**tat**	**getan**		täte

不定詞	過去基本形	過去分詞	直説法現在	接続法 II
verderben だめになる(s); だめにする(h)	**verdarb**	**verdorben**	ich verderbe du verdirbst er verdirbt	verdürbe
vergessen 忘れる	**vergaß**	**vergessen**	ich vergesse du vergisst er vergisst	vergäße
verlieren 失う	**verlor**	**verloren**		verlöre
wachsen 成長する(s)	**wuchs**	**gewachsen**	ich wachse du wächst er wächst	wüchse
waschen 洗う	**wusch**	**gewaschen**	ich wasche du wäschst er wäscht	wüsche
weisen 指示する	**wies**	**gewiesen**		wiese
wenden 向きを変える	**wandte/ wendete**	**gewandt/ gewendet**		wendete
werben 募集する	**warb**	**geworben**	ich werbe du wirbst er wirbt	würbe
werden …になる(s)	**wurde**	**geworden/** 受動 **worden**	ich werde du wirst er wird	würde
werfen 投げる	**warf**	**geworfen**	ich werfe du wirfst er wirft	würfe
wiegen 重さを量る	**wog**	**gewogen**		wöge
wissen 知っている	**wusste**	**gewusst**	ich weiß du weißt er weiß	wüsste
wollen 欲する	**wollte**	**gewollt/ wollen**	ich will du willst er will	wollte
ziehen 引く(h); 移動する(s)	**zog**	**gezogen**		zöge
zwingen 強制する	**zwang**	**gezwungen**		zwänge